HSK（二级）
教考结合推荐用书

你好！中国

生活汉语基础教程 2

BASIC COURSE OF DAILY CHINESE

杨 漾 主编
杨 漾 曹婷婷 居婷婷 编著

北京大学出版社
PEKING UNIVERSITY PRESS

图书在版编目 (CIP) 数据

你好！中国：生活汉语基础教程.2 / 杨漾主编.—北京：北京大学出版社，2019.1
ISBN 978-7-301-30038-1

Ⅰ.①你… Ⅱ.①杨… Ⅲ.①汉语—对外汉语教学—教材 Ⅳ.① H195.4

中国版本图书馆 CIP 数据核字 (2018) 第 255847 号

书　　　名	你好！中国：生活汉语基础教程 2 NI HAO！ZHONGGUO：SHENGHUO HANYU JICHU JIAOCHENG ER
著作责任者	杨　漾　主编　杨　漾　曹婷婷　居婷婷　编著
责 任 编 辑	宋立文
标 准 书 号	ISBN 978-7-301-30038-1
出 版 发 行	北京大学出版社
地　　　址	北京市海淀区成府路 205 号　100871
网　　　址	http://www.pup.cn　　新浪微博：@ 北京大学出版社
电 子 信 箱	zpup@pup.cn
电　　　话	邮购部 010-62752015　发行部 010-62750672　编辑部 010-62753374
印 刷 者	北京大学印刷厂
经 销 者	新华书店
	787 毫米 ×1092 毫米　16 开本　12.5 印张　256 千字 2019 年 1 月第 1 版　　2019 年 1 月第 1 次印刷
定　　　价	75.00 元

未经许可，不得以任何方式复制或抄袭本书之部分或全部内容。
版权所有，侵权必究
举报电话：010-62752024　电子信箱：fd@pup.pku.edu.cn
图书如有印装质量问题，请与出版部联系，电话：010-62756370

编 委 会

主　　编：杨　漾

编　　著：杨　漾　曹婷婷　居婷婷

审　　订：王建军

英文翻译：郭　孜　刘　玮

插画绘制：方洁玉　侯　隽　王　珣
　　　　　肖　亚　谢大埳　张　杨　创新天降漫画

资源设计：王晓凤　徐潇雨　朱　祺

前言

首先，感谢大家选择《你好！中国》这套教材。

这是一套零起点至高级阶段的日常生活汉语教材，主要适用于希望在最短的时间学会最有效的中文，解决最基本的生活交际问题，或者想了解最时尚最 IN 的中文表达的汉语学习者。如果您有这样的需求，那么这套教材一定是个不错的选择。

这套教材共分 6 册，每册 10 个话题，是来华留学生通过公众号投票选出的在中国生活最实用的话题，涵盖在华日常生活的方方面面。完成本套教材的学习后，学习者不仅可以掌握 HSK 各对应级别的所有词汇及语法点，而且还可以掌握最贴近日常生活的，最时尚的汉语表达。

体例内容

在内容安排上，本套教材遵循以学习者为中心的原则，每课分为以下主要部分：

（1）词汇银行：围绕话题，以图片展示的方式直观学习与话题相关的词语，并配有简单的词语练习。

（2）课文：每课包括两篇对话体课文，并分别配有生词、课文翻译和课文理解练习。

（3）拼音：第 1 册前五课分别讲解汉语拼音的声韵母、拼写规则、声调与变调等。

（4）语法超市：简要讲解课文中出现的主要语法点，并列表展示格式与例句。

（5）任务环节：围绕教学重点安排两三个趣味性课堂活动，重在口语交际训练，对每课重要词汇和语法点进行巩固及应用性练习。

（6）日常表达：在课文学习的基础上，围绕每课话题，补充一些日常生活中的常用会话。

（7）中国流行语：在完成主要教学内容后，补充一些当下流行的汉语新词新语和时尚表达，以便学到地道、鲜活的生活汉语。

（8）中国文化：第 1 册每课后附"食在中国"，展示中国各地美食文化；第 2 册每课后附"玩在中国"，展示中国各地特色风景名胜。收录的各地风味美食餐厅和旅游景点均提供详细地址和电话信息，可作为中国文化体验及游学活动的简易攻略。第 3 册至第 6 册中国文化主题根据课文内容进行适当拓展。

（9）思维导图：书后以思维导图的形式总结归纳每课教学要点，包括拼音、生词、语法点、常用表达等。学生也可以用填图的方式，对每课的学习要点进行归纳总结。

配套资源

　　在教学服务方面，本套教材以方便教师使用为原则，配有丰富的教学辅助资源，方便教师制订教学计划、备课及开展课堂教学。这些配套资源均通过在线平台发布，并随时更新补充。

（1）课时进度表：将每课教材按常规的教学进度切分为若干课时，列出每节课的教学内容、重点难点、作业安排等，从而为教师制订教学计划提供参考，又可作为新手教师的备课指导。

（2）语法点PPT：PPT呈现的内容是课文以及语法超市中出现的重要语法点，包括语法解释、结构形式、例句、练习等，上课时，教师可以直接使用，从而减少备课量。

（3）教学图片库：为便于教师上课，我们将教材中与生词、课文、课堂活动等配套的插图单独做成了独立的大图图片库。教师在教学过程中，可以配合相应的教学环节用电脑展示这些图片，或者打印出来使用。

（4）练习册：每课包括听力练习和读写练习两部分，与课堂教学中的口语练习形成互补，从而全面提高学生的综合语言能力。

（5）汉字本：所选汉字均来自每课生词或课文，与本教材同步配套，讲解与练习顺序兼顾字形与字义，因此亦可单独使用或与其他教材配套使用。

（6）课本剧：每课课文均拍摄成真实人物、真实场景的课本剧视频，从而使课文内容真实化、可视化。

（7）音频资料：包括每课生词、课文的录音和练习册中听力练习的录音资料等。

　　此外，我们还建立了微信互动平台，方便教师与学生就教学内容即时在线交流，并提供个性化学习指导。

　　因此，这是一套纸质教材、在线教学资源与微信教学互动平台相融合的新型立体化教学系统。今后，我们还将陆续开发在线教学平台，以方便世界各地更多的学习者学习地道的生活汉语。

　　衷心希望大家在本套教材的帮助下，开启愉快的汉语学习之旅！

杨 瀚

Preface

First of all, thank you for choosing *Hi! China*.

This is a set of textbooks aimed at helping you learn Chinese from beginning to advanced level. It is especially designed for Chinese-language learners who want to grasp the most efficient language in a short time, solve the most basic social communication problems or comprehend the most popular Chinese expressions. It might be an appropriate choice if you have such learning needs.

This set of textbooks has six volumes, ten topics for each, which were voted by international students in China to choose the most practical topics encountered by foreigners living in China. Learners can not only master all the required vocabularies and grammar points corresponding to HSK levels, but also get hold of the most popular Chinese slang words, which could be used in day-to-day conversation after completing the study of the textbooks.

Organization

In terms of content arrangement, this set of textbooks follows the principle of learner-centered teaching, and each lesson mainly includes the following parts:

(1) Word Bank: you can visually learn the words related to the topic with the help of pictures. Simple exercises for words and expression are affiliated.

(2) Dialogues: each lesson is consisted of two dialogues with new words, English translation and text comprehension exercises.

(3) *Pinyin*: the first five lessons in volume 1 explain the phonetic vowels, spelling rules, tone and modified tone etc. of *Pinyin*.

(4) Grammar Market: main grammar points in the dialogues are briefly illustrated, grammar structures and examples are listed in the form of table.

(5) Mission possible: there are two or three interesting classroom activities focusing on the key teaching objectives, which is aimed at laying emphasis on oral communication training and using practical exercises to reinforce the key words and grammar points of each lesson.

(6) Daily Expressions: there are some supplemental materials of commonly used expressions about the topic of the lesson.

(7) Pop Chinese: after finishing the main teaching content, some of the current popular Chinese new words and the latest slang words are added for displaying an authentic and vivid Chinese language.

(8) Chinese Culture: each lesson in the first volume has "Eating in China" as an appendix, showing the food culture throughout China. Each lesson in the second volume is attached with "Having Fun in China", introducing famous scenic spots in China. Addresses and contact information of local food restaurants and tourist attractions are provided so that it could serve as a simple guide to Chinese culture experience and study tour activities. There is some expansion in Chinese culture part according to the content of each lesson in volume 3-6.

(9) Mind Map: teaching points of each lesson are summarized in the form of mind map, including *Pinyin*, new words, grammar points, common expressions, etc.. Students can also fill in the form by themselves to summarize the main points of each lesson.

Supporting Resources

In terms of teaching services, this set of textbooks is equipped with abundant teaching AIDS, based on the principle of convenient for teacher, which is helpful for teachers to make teaching plans, prepare lessons and carry out classroom activities. These supporting resources are released through online platform and are updated at any time.

(1) Class schedule: each lesson is divided into a few standard class periods. Teaching contents, difficulties, assignments, etc. in each lesson are listed to provide reference for teaching plan and preparation guide for novice teachers.

(2) PPT for grammar points: the PowerPoints summarize the key grammar points in the dialogues and Grammar Market, including the grammar explanation, structures, examples, practice, etc.. Teachers can use it directly in class to relieve the workload of preparation.

(3) Picture gallery for teaching: for the convenience of teachers, we have made an independent high-definition picture gallery with the corresponding illustrations in each lesson, which contains pictures of new words, texts and classroom activities, etc.. In the course of teaching, teachers can display the pictures by using computers or printing out copies.

(4) Exercise books: each lesson includes two exercises of listening as well as reading and writing, which are complemented to the oral practice in the classroom to improve students' comprehensive language ability.

(5) The book of Chinese characters: the Chinese characters are selected from the new words or the texts in each lesson, synchronizing with the textbooks. The order of explanation and practicing takes both glyph and meaning into consideration, thus it can be used alone or in combination with other materials.

(6) Text-based drama: the text of each lesson is shot into a video to effectively utilize the real person to help illustrate the story.

(7) Audio materials: there are the recording of new words and the text in each lesson, and the listening materials in the exercise books.

In addition, WeChat interactive platform has been established to facilitate online communication between teachers and students on teaching contents and provide tailored learning guidance.

Therefore, this is a new type of multi-dimensional teaching system integrating paper-printed materials, online teaching resources and WeChat interactive platform. In the future, we will continue to develop the online teaching platform to facilitate more learners around the world to learn the authentic Chinese.

I sincerely hope that you can start a happy journey of Chinese learning with the help of this set of textbooks!

Yang Yang

目录 / Contents

1 北京的冬天特别冷 Běijīng de dōngtiān tèbié lěng The winter in Beijing is pretty cold. 1

Grammar
1. Structure: 没 (méi)+V
2. Degree adverb 特别 (tèbié) (especially)
3. Conjunction 但是 (dànshì) (but, however)

Topic Weather.

2 你周末喜欢做什么 Nǐ zhōumò xǐhuan zuò shénme What do you like to do at weekends? 15

Grammar
1. Adverb 在 (zài)
2. Phrase 有时候 (yǒu shíhou) (sometimes)

Topic Hobbies.

3 去黄山要多长时间 Qù Huáng Shān yào duō cháng shíjiān How long does it take to go to the Yellow Mount? 30

Grammar
1. Structure: 去 (qù)……(要) 多长时间 [(yào) duō cháng shíjiān]
2. Expressions of time period
3. Verb 打算 (dǎsuàn)

Topic Traveling.

4 他教我汉语 Tā jiāo wǒ Hànyǔ He teaches me Chinese. 45

Grammar
1. Structure: V+ Object 1 (sb.)+ Object 2 (sth.)
2. Adverb 还是 (háishì)
3. Structure: 是……的 (shì……de)
4. Pronoun 怎么 (zěnme) (how)

Topic Language partner.

5 双人房还是大床房 Shuāngrénfáng háishì dàchuángfáng Twin room or queen room? 60

Grammar
1. Conjunction 还是 (háishì) (or)
2. Preposition 离 (lí) (from)
3. Phrase 要 (yào)……了 (le) (about to)

Topic Booking a hotel.

6 我穿着红色的裙子 Wǒ chuānzhe hóngsè de qúnzi I am wearing a red dress. 78

Grammar
1. Aspect partical 过 (guò)
2. Structure: 因为 (yīnwèi)……, 所以 (suǒyǐ)……
3. Aspect partical 着 (zhe)
4. Adverb 别 (bié)

Topic Picking up guests.

7	我可以请你喝酒吗 Wǒ kěyǐ qǐng nǐ hē jiǔ ma May I buy you a drink?	96
Grammar	1. Auxiliary verb 会 (huì) 2. Pronoun 怎么 (zěnme) 3. Verb 爱 (ài) 4. The differences between "觉得 (juéde)" and "以为 (yǐwéi)"	Topic Going to a bar.

8	现在比以前难 Xiànzài bǐ yǐqián nán Now it is more difficult than before.	114
Grammar	1. The 比 (bǐ) -sentence 2. Structure: Adj.+ 不 +Adj. 3. Structure: V + 一下 (yíxià) 4. Particle 得 (děi)	Topic Attending examinations.

9	你们一边喝茶一边聊天吧 Nǐmen yìbiān hē chá yìbiān liáo tiān ba Please have some tea while chatting.	131
Grammar	1. Structure: 一边 (yìbiān)……一边 (yìbiān)…… 2. Structure: 在……里（边）[zài……lǐ (bian)] 　　　　　　在……上（边）[zài……shàng (bian)] 3. Measure word 些 (xiē) (ones)	Topic Being guests.

10	他们对我很满意 Tāmen duì wǒ hěn mǎnyì They are satisfied with me.	148
Grammar	1. Number measure word 一点儿 (yìdiǎnr) (a few, a little) 2. Preposition 对 (duì) (to, towards, in)	Topic Interview.

思维导图 Mind Map	167
生词总表 Vocabulary	178

1

Běijīng de dōngtiān tèbié lěng
北京的冬天特别冷

The winter in Beijing is pretty cold.

Topic	Weather.
Functional sentences	Wǒmen zài zhèr pāi zhào ba. 1. 我们 在 这儿 拍照 吧。 Wǒ méi dài xiàngjī. 2. 我 没 带 相机。 Wǒ de xiàngjī zài fángjiān li. 3. 我 的 相机 在 房间 里。 Běijīng de dōngtiān tèbié lěng. 4. 北京 的 冬天 特别 冷。 Wàimian tài měi le! 5. 外面 太 美 了！

1

词汇银行
Word Bank

chūntiān
春天
spring

xiàtiān
夏天
summer

qiūtiān
秋天
autumn

dōngtiān
冬天
winter

qíngtiān
晴天
sunny day

yīntiān
阴天
cloudy day

yǔtiān
雨天
rainy day

xuětiān
雪天
snowy day

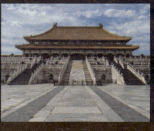
Gùgōng
故宫
The Forbidden City

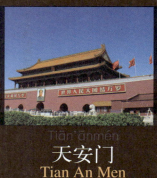
Tiān'ānmén
天安门
Tian An Men

Chángchéng
长城
The Great Wall

Yíhé Yuán
颐和园
The Summer Palace

连线 **Match**

chūntiān

春天

xiàtiān

夏天

qiūtiān
秋天

dōngtiān
冬天

qíngtiān
晴天

yīntiān

阴天

yǔtiān
雨天

xuětiān
雪天

3

Wǒ méi dài xiàngjī
我没带相机

Dàwèi:	Zhè jiù shì Chángchéng a! Tài měi le!
大卫：	这就是长城啊！太美了！
Shānběn:	Wǒmen zài zhèr pāi zhào ba. Dàwèi, nǐ de xiàngjī ne?
山本：	我们在这儿拍照吧。大卫，你的相机呢？
Dàwèi:	Wǒ méi dài xiàngjī. Nǐ ne?
大卫：	我没带相机。你呢？
Shānběn:	Wǒ de xiàngjī zài fángjiān li.
山本：	我的相机在房间里。
Àilì:	Wǒ dài le. Zǒu, zánmen qù nàr pāi zhào ba.
爱丽：	我带了。走，咱们去那儿拍照吧。
Àilì:	Xiānsheng, nín kěyǐ bāng wǒmen pāi zhào ma?
爱丽：	先生，您可以帮我们拍照吗？
Lùrén:	Dāngrán kěyǐ.
路人：	当然可以。

先生，您可以帮我们拍照吗？

当然可以。

生词 Vocabulary

1	带	dài	v.	bring, take
2	相机	xiàngjī	n.	camera
3	美	měi	adj.	beautiful
4	拍照	pāi zhào		take pictures
5	房间	fángjiān	n.	room
6	里	lǐ	n.	inside
7	咱们	zánmen	pron.	we, us
8	先生	xiānsheng	n.	gentleman
9	帮	bāng	v.	help

专有名词 Proper noun

长城　　　　Chángchéng　　　The Great Wall

翻译 Translation

Text 1　I didn't bring my camera.

David:	Here is the Great Wall! It is so beautiful!
Yamamoto:	Let's take a picture here. David, where is your camera?
David:	I didn't take it. What about you?
Yamamoto:	My camera is in the room.
Alexandra:	I've brought one. Let's go and take a picture over there.
Alexandra:	Sir, could you please take a picture for us?
Passer-by:	Sure.

课文练习 EXERCISES

一 课文填空
Fill in the blanks according to the text.

1. Zhè _____ shì Chángchéng a!
   这 _____ 是 长城 啊!

2. Wǒmen _____ _____ pāi zhào ba.
   我们 _____ _____ 拍 照 吧。

3. Wǒ _____ dài xiàngjī.
   我 _____ 带 相机。

4. Wǒ de xiàngjī _____ fángjiān _____ .
   我 的 相机 _____ 房间 _____ 。

5. Nín _____ bāng wǒmen pāi zhào ma?
   您 _____ 帮 我们 拍 照 吗?

二 回答问题
Answer the following questions.

1. Dàwèi tāmen qùle nǎr?
   大卫 他们 去了 哪儿?

2. Tāmen yào pāi zhào ma?
   他们 要 拍 照 吗?

3. Shānběn de xiàngjī zài nǎr?
   山本 的 相机 在 哪儿?

4. Shéi dàile xiàngjī?
   谁 带了 相机?

5. Shéi bāng tāmen pāile zhào?
   谁 帮 他们 拍了 照?

2 北京的冬天特别冷
Běijīng de dōngtiān tèbié lěng

Lǐ lǎoshī gěi Dàwèi hé Àilì fā wēixìn.
李老师 给 大卫 和 爱丽 发 微信。

李老师：北京的天气怎么样？
Lǐ lǎoshī: Běijīng de tiānqì zěnmeyàng?

大卫：北京的天气很好，但是太冷了。
Dàwèi: Běijīng de tiānqì hěn hǎo, dànshì tài lěng le.

李老师：嗯！北京的冬天特别冷。今天下雪了吗？
Lǐ lǎoshī: Ng! Běijīng de dōngtiān tèbié lěng. Jīntiān xià xuě le ma?

大卫：今天没下雪，昨天下了。
Dàwèi: Jīntiān méi xià xuě, zuótiān xià le.

爱丽：外面太美了！
Àilì: Wàimian tài měi le!

李老师：你们现在在哪儿？
Lǐ lǎoshī: Nǐmen xiànzài zài nǎr?

爱丽：我们在房间里。
Àilì: Wǒmen zài fángjiān li.

李老师：明天去哪儿玩儿？
Lǐ lǎoshī: Míngtiān qù nǎr wánr?

大卫：去故宫！
Dàwèi: Qù Gùgōng!

生词 Vocabulary

1	冬天	dōngtiān	n.	winter
2	特别	tèbié	adv.	especially
3	冷	lěng	adj.	cold
4	发	fā	v.	send
5	天气	tiānqì	n.	weather
6	但是	dànshì	conj.	but
7	下雪	xià xuě		snow
8	外面	wàimian	n.	outside
9	现在	xiànzài	n.	now
10	玩儿	wánr	v.	play

专有名词 Proper nouns

1	北京	Běijīng	the capital of China
2	故宫	Gùgōng	The Forbidden City

翻译 Translation

Text 2 The winter in Beijing is pretty cold.

Teacher Li is sending messages through WeChat to David and Alexandra.

Teacher Li: How is the weather in Beijing?
David: The weather in Beijing is quite good, but it is too cold.
Teacher Li: Yes. The winter in Beijing is pretty cold. Did it snow today?
David: It didn't. It snowed yesterday.
Alexandra: It is very beautiful outside!
Teacher Li: Where are you now?
Alexandra: We are in our rooms.
Teacher Li: Where are you going to visit tomorrow?
David: The Forbidden City!

课文练习 EXERCISES

一、课文填空
Fill in the blanks according to the text.

1. Běijīng de tiānqì
   北京 的 天气_____？

2. Běijīng de dōngtiān
   北京 的 冬天 _____ _____。

3. Jīntiān xià xuě.
   今天 _____ 下 雪。

4. Wàimian měi
   外面 _____ 美 _____！

5. Wǒmen fángjiān
   我们 _____ 房间 _____。

二、根据关键词语复述课文
Retell the text according to the key words.

zěnmeyàng	tài……le	tèbié	méi	zài……li
怎么样	太……了	特别	没	在……里

语法超市 Grammar Market

1. Structure: 没 (méi) + V
   Indicate the negative sentences of past tense.

Subject	Time	没	Verb	Object
Wǒ 我		méi 没	dài 带	xiàngjī. 相机。
Jīntiān 今天		méi 没	xià 下	xuě. 雪。
Wǒmen 我们	zhōngwǔ 中午	méi 没	chī 吃	dàngāo. 蛋糕。
Tā 她	shàng xīngqī 上 星期	méi 没	shàng 上	kè. 课。

2. Degree adverb 特别 (tèbié) (especially)

Subject	特别	Adjective
Běijīng de dōngtiān 北京 的 冬天	tèbié 特别	lěng. 冷。
Sūzhōu 苏州	tèbié 特别	měi. 美。
Zhè tiáo qúnzi 这 条 裙子	tèbié 特别	guì. 贵。

3. Conjunction 但是 (dànshì) (but, however)
   Used to introduce the next part of a sentence and indicate unexpectedness or exception.

Subject	但是	Adjective/Verb
Běijīng de tiānqì hěn hǎo, 北京 的 天气 很 好，	dànshì 但是	tài lěng le. 太 冷 了。
Wǒ xiǎng qù pāi zhào, 我 想 去 拍 照，	dànshì 但是	méi dài xiàngjī. 没 带 相机。

Mission possible! 任务环节

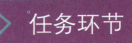

1. **双人活动：说说不同的天气**
   Pair work: Different weather.

   根据图片说说不同的天气。
   Talk about the different weather in the following two pictures.

2. **小组活动：家乡最美季节**
   Group work: The best season in my hometown.

   采访小组成员，说说家乡最美的季节。
   Interview your group members about their hometowns and the best season in their hometowns.

   示例 For example:

   Wǒ de jiāxiāng shì……, zuì měi de jìjié shì……
   我的家乡是……，最美的季节是……

Name	Hometown	Best season	Why

3. **班级活动：名城天气**
   Classroom activity: The weather in these famous cities.

   老师给出一些有名的城市，同学们找一找当地的天气信息，并说一说。
   Teachers are going to give some famous city's pictures and students will find the weather of them and talk about it.

日常表达 Daily Expressions

1. A: Jīntiān tiānqì zěnmeyàng?
   今天 天气 怎么样?
   How is the weather today?

   B: Hěn búcuò, dànshì fēng tèbié dà.
   很 不错，但是 风 特别 大。
   Pretty good! But the wind is strong.

2. A: Xià zhōu dōu shì yǔtiān.
   下 周 都 是 雨天。
   It will rain for the whole of next week.

   B: Wǒ de tiān na!
   我 的 天 哪!
   Oh, my god!

3. A: Měinǚ, kěyǐ yìqǐ pāi zhào ma?
   美女，可以一起 拍 照 吗?
   Hey, pretty! Can we take a picture together?

   B: Kěyǐ a! Wǒmen qù nàbian.
   可以啊！我们 去 那边。
   Sure! Let's go over there.

4. A: Jiàqī nǐmen qù nǎr?
   假期 你们 去 哪儿?
   Where do you want to go for holiday?

   B: Wǒmen yào qù Hā'ěrbīn kàn xuějǐng.
   我们 要 去 哈尔滨 看 雪景。
   We are going to see the snow in Harbin.

Pop Chinese   中国流行语

自拍 (Zìpāi) (Selfie)

In Chinese, 自拍 (zìpāi) is both noun and verb. It means the self portrait of a person or the action of taking a portrait for yourself.

How to use?

Wǒmen lái zìpāi!
我们来自拍！

玩在中国　　Having Fun in China

北京篇 BEIJING

南锣鼓巷
Nanluoguxiang

Nanluoguxiang is a narrow alley. It is located in an old part of the Beijing city centre. It has traditional architecture both new and old. The neighborhood contains many typical narrow streets known as hutong.

Chinese address: 北京市东城区鼓楼东大街

三里屯酒吧街
Sanlitun bar street

Sanlitun is an area of Chaoyang District in Beijing, which contains many popular bar streets and international stores. It is a popular destination for shopping, dining and entertainment.

Chinese address: 北京市朝阳区三里屯

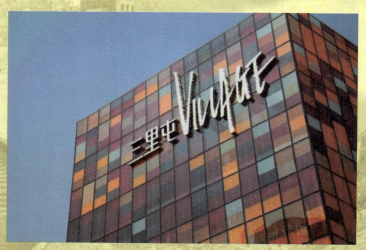

2

Nǐ zhōumò xǐhuan zuò shénme
你周末喜欢做什么
What do you like to do at weekends?

Topic	Hobbies.
Functional sentences	1. Nà zhī xióngmāo zài chī zhúzi! 　 那只 熊猫 在 吃 竹子！ 2. Xióngmāo hái xǐhuan Zhōngguó gōngfu. 　 熊猫 还喜欢 中国 功夫。 3. Dàwèi měi tiān dōu qù jiànshēnfáng. 　 大卫 每 天 都 去 健身房。 4. Nǐ měi tiān jǐ diǎn jiàn shēn? 　 你 每天 几 点 健 身？ 5. Yǒu shíhou xiàwǔ sì diǎn, yǒu shíhou wǎnshang bā diǎn. 　 有 时候 下午 四 点，有 时候 晚上 八 点。

词汇银行
Word Bank

shuì jiào
睡 觉
sleep

hē jiǔ
喝 酒
get a drink

shàng wǎng
上 网
surf the internet

liáo tiān
聊 天
chat

diào yú
钓 鱼
go fishing

guàng jiē
逛 街
go shopping

kàn diànyǐng
看 电 影
watch a film

kàn diànshì
看 电 视
watch TV

tiào wǔ
跳 舞
dance

jiàn shēn
健 身
physical exercise

liàn gōng
练 功
practice Kungfu

yóu yǒng
游 泳
swim

lánqiú
篮球
basketball

yǔmáoqiú
羽毛球
badminton

pīngpāngqiú
乒乓球
table tennis

gāo'ěrfūqiú
高尔夫球
golf

连线 **Match**

guàng jiē
逛 街

kàn diànyǐng
看 电 影

liáo tiān
聊 天

diào yú
钓 鱼

shuì jiào
睡 觉

hē jiǔ
喝 酒

lánqiú
篮 球

gāo'ěrfūqiú
高 尔 夫 球

jiàn shēn
健 身

yóu yǒng
游 泳

yǔmáoqiú
羽 毛 球

tiào wǔ
跳 舞

17

Zhè zhī xióngmāo zài shuì jiào
这 只 熊猫 在 睡觉

Dàwèi:	Kàn! Nà zhī xióngmāo zài chī zhúzi!
大卫:	看！那只熊猫在吃竹子！
Àilì:	Zhè zhī xióngmāo zài shuì jiào.
爱丽:	这只熊猫在睡觉。
Lǐ lǎoshī:	Xióngmāo xǐhuan zuò shénme?
李老师:	熊猫喜欢做什么？
Shānběn:	Xióngmāo xǐhuan chī zhúzi, yě xǐhuan shuì jiào.
山本:	熊猫喜欢吃竹子，也喜欢睡觉。
Dàwèi:	Tā hái xǐhuan Zhōngguó gōngfu, tā zhǔyǎnle 《Gōngfu Xióngmāo》!
大卫:	它还喜欢中国功夫，它主演了《功夫熊猫》！
Àilì:	Wǒ juéde xióngmāo hěn lǎn dànshì hěn kě'ài.
爱丽:	我觉得熊猫很懒，但是很可爱。
Shānběn:	Shì a, Zhōngguórén hé wàiguórén dōu hěn xǐhuan tā.
山本:	是啊，中国人和外国人都很喜欢它。

生词 Vocabulary

1	只	zhī	m.	measure word
2	熊猫	xióngmāo	n.	panda
3	在	zài	adv.	indicate present tense
4	睡觉	shuì jiào		sleep
5	竹子	zhúzi	n.	bamboo
6	喜欢	xǐhuan	v.	like, be fond of
7	做	zuò	v.	do
8	功夫	gōngfu	n.	Kungfu
9	主演	zhǔyǎn	v.	have one of the main parts in a film/movie
10	觉得	juéde	v.	feel
11	懒	lǎn	adj.	lazy
12	可爱	kě'ài	adj.	cute
13	外国	wàiguó	n.	foreign
14	都	dōu	adv.	both, all

专有名词 Proper noun

功夫熊猫　　Gōngfu Xióngmāo　*Kungfu Panda* (a famous movie)

翻译 Translation

Text 1 This panda is sleeping.

David:　　　Look! That panda is eating bamboos!
Alexandra:　This panda is sleeping.
Teacher Li:　What do pandas like to do?
Yamamoto:　Pandas like to eat bamboos, and also like to sleep.
David:　　　It also likes Kungfu! It starred in *Kungfu Panda*!
Alexandra:　I think pandas are very lazy but very cute.
Yamamoto:　Yes. Both Chinese and foreign people like them very much.

课文练习 EXERCISES

一 课文填空
Fill in the blanks according to the text.

1. 这 _____ 熊猫 _____ 睡觉。
   Zhè　　　　xióngmāo　　　shuì jiào.

2. 熊猫 _____ 做 什么？
   Xióngmāo　　　zuò shénme?

3. 熊猫 喜欢 _____ 竹子。
   Xióngmāo xǐhuan　　　zhúzi.

4. 熊猫 也 喜欢 _____ 。
   Xióngmāo yě xǐhuan

5. 熊猫 _____ 喜欢 中国 功夫！
   Xióngmāo　　　xǐhuan Zhōngguó gōngfu!

二 判断正误
True or false.

1. 熊猫 在 吃 竹子。　☐
   Xióngmāo zài chī zhúzi.

2. 大卫 喜欢 睡觉。　☐
   Dàwèi xǐhuan shuì jiào.

3. 熊猫 还 喜欢 汉堡。　☐
   Xióngmāo hái xǐhuan hànbǎo.

4. 山本 喜欢 中国 功夫。　☐
   Shānběn xǐhuan Zhōngguó gōngfu.

5. 熊猫 很 懒，但是 很 可爱。　☐
   Xióngmāo hěn lǎn, dànshì hěn kě'ài.

2 你周末喜欢做什么
Nǐ zhōumò xǐhuan zuò shénme

大卫 Dàwèi: 爱丽，你周末喜欢做什么？
Àilì, nǐ zhōumò xǐhuan zuò shénme?

爱丽 Àilì: 我喜欢逛街、上网和睡觉。你呢？
Wǒ xǐhuan guàng jiē、shàng wǎng hé shuì jiào. Nǐ ne?

大卫 Dàwèi: 我非常喜欢健身，每天都去健身房。
Wǒ fēicháng xǐhuan jiàn shēn, měi tiān dōu qù jiànshēnfáng.

爱丽 Àilì: 你每天几点健身？
Nǐ měi tiān jǐ diǎn jiàn shēn?

大卫 Dàwèi: 有时候下午四点，有时候晚上八点。
yǒu shíhou xiàwǔ sì diǎn, yǒu shíhou wǎnshang bā diǎn.

爱丽 Àilì: 山本，你也喜欢健身吗？
Shānběn, nǐ yě xǐhuan jiàn shēn ma?

山本 Shānběn: 我不太喜欢，我最喜欢中国功夫。
Wǒ bú tài xǐhuan, wǒ zuì xǐhuan Zhōngguó gōngfu.

大卫 Dàwèi: 我也喜欢中国功夫，还喜欢踢足球。
Wǒ yě xǐhuan Zhōngguó gōngfu, hái xǐhuan tī zúqiú.

生词 Vocabulary

1	逛街	guàng jiē		go shopping
2	上网	shàng wǎng		surf the internet
3	非常	fēicháng	adv.	especially, very
4	健身	jiàn shēn		work out, physical exercise
5	每天	měi tiān		everyday
6	每	měi	pron.	each, every
7	健身房	jiànshēnfáng	n.	gym
8	有时候	yǒu shíhou		sometimes
9	时候	shíhou	n.	a period of time
10	晚上	wǎnshang	n.	night
11	踢	tī	v.	kick
12	足球	zúqiú	n.	soccer

翻译 Translation

Text 2 What do you like to do at weekends?

David: Alexandra, what do you like to do at weekends?
Alexandra: I like shopping, surfing the internet and sleeping. And you?
David: I like working out. I go to the gym everyday.
Alexandra: What time do you go to the gym?
David: Sometimes 4pm, sometimes 8pm.
Alexandra: Yamamoto, do you also like working out?
Yamamoto: I am not very into it. I like Chinese Kungfu most.
David: I also like Kungfu, and playing football.

课文练习 EXERCISES

一 回答问题
Answer the following questions.

1. Àilì zhōumò xǐhuan zuò shénme?
   爱丽 周末 喜欢 做 什么?

2. Dàwèi xǐhuan zuò shénme?
   大卫 喜欢 做 什么?

3. Dàwèi měi tiān jǐ diǎn jiàn shēn?
   大卫 每天 几点 健身?

4. Shānběn zuì xǐhuan shénme?
   山本 最 喜欢 什么?

5. Dàwèi hái xǐhuan shénme?
   大卫 还 喜欢 什么?

二 根据关键词语复述课文
Retell the text according to the key words.

xǐhuan	měi	yǒu shíhou	zuì	hái
喜欢	每	有时候	最	还

23

语法超市　　Grammar Market

1. Adverb 在 (zài): Indicates happening of an action.

Subject	在	Verb	Object
Zhè zhī xióngmāo 这只 熊猫	zài 在	shuì 睡	jiào. 觉。
Nà zhī xióngmāo 那只 熊猫	zài 在	chī 吃	zhúzi. 竹子。
Wǒmen 我们	zài 在	shàng 上	kè. 课。
Nǐ 你	zài 在	zuò 做	shénme? 什么?

2. Phrase 有时候 (yǒu shíhou) (sometimes)
It is used to indicate frequency of an action.

Subject	有时候	Verb	Object
Tā 它	yǒu shíhou 有 时候	chī 吃	zhúzi. 竹子。
Wǒmen 我们	yǒu shíhou 有 时候	shàng 上	kè. 课。

Structure: 有时候……，有时候……

有时候		有时候	
yǒu shíhou 有 时候	xiàwǔ sì diǎn, 下午 四点，	yǒu shíhou 有 时候	wǎnshang bā diǎn 晚上 八点
yǒu shíhou 有 时候	chī zhúzi 吃 竹子	yǒu shíhou 有 时候	shuì jiào 睡 觉
yǒu shíhou 有 时候	guàng jiē 逛 街	yǒu shíhou 有 时候	shàng wǎng 上 网

Mission possible!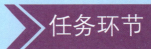

1. 双人活动：天气 + 活动
   Pair work: Weather+ Activity.

   根据表格中的天气，选择合适的活动。
   According to the weather in the first columns, choose the best activity for it.

Activity	qíngtiān 晴天	yǔtiān 雨天	yīntiān 阴天	xuětiān 雪天
lánqiú 篮球				
zúqiú 足球				
yǔmáoqiú 羽毛球				
guàng jiē 逛街				
kàn diànyǐng 看电影				
shàng wǎng 上网				
shuì jiào 睡觉				

2. 小组活动：我的爱好
   Group work: My hobby.

   采访小组成员的爱好，并记录下来。
   Interview your group members about their hobbies, then write them down.

   示例 For example:

   Nǐ zuì xǐhuan zuò shénme?
   你最喜欢做什么？

Name	Hobby	Name	Hobby

3. 班级活动：猜猜他 / 她在做什么
   Classroom activity: Guess what he/she is doing.

老师将给几位同学一些活动卡片，学生根据卡片进行表演，其他同学说句子。
Teachers ask some of the students to act the activities on the cards. The other students are required to guess what he/she is doing.

示例 For example:

    Tā zài shàng wǎng.
    他 在 上 网。

Daily Expressions 日常表达

1. A: 你在干吗? What are you doing?
   Nǐ zài gànmá?
   B: 我在想你。 I am missing you.
   Wǒ zài xiǎng nǐ.

2. A: 快看！阿姨们在做什么? Look! What are those aunts doing?
   Kuài kàn! Āyímen zài zuò shénme?
   B: 她们在打太极拳。 They are playing Taichi.
   Tāmen zài dǎ tàijíquán.

3. A: 我喜欢你！ I really like you!
   Wǒ xǐhuan nǐ!
   B: 真的吗? 我也喜欢你！ Really? I like you too!
   Zhēnde ma? Wǒ yě xǐhuan nǐ!

4. A: 你喜欢什么样的男生? What kind of man do you like?
   Nǐ xǐhuan shénme yàng de nánshēng?
   B: 我喜欢肌肉男。 I like muscular man.
   Wǒ xǐhuan jīròunán.
   A: 哈哈！我也是。 Aha! Me too.
   Hāhā! Wǒ yě shì.

中国流行语 — Pop Chinese

懒鬼 (lǎnguǐ) **(Lazy bone)**

In Chinese, 鬼 (guǐ) means the ghost. However, when it is added after an adjective, it can indicates a kind of people who have some habits related to this adjective. 懒 (lǎn) is lazy, so the word 懒鬼 (lǎnguǐ) means the people who are always lazy.

How to use?

A: Tā hái méi qǐ chuáng!
他 还 没 起 床!
He still have not woken!

B: Tā jiù shì yí ge lǎnguǐ.
他 就 是 一 个 懒鬼。
He is just a lazy bone.

Having Fun in China > 玩在中国

上海篇 SHANGHAI

外滩18号店（Bar Rouge）

It is selected as the "35 coolest night club" in the world. In the bar, you can see the Huangpu River within short distance.

Chinese address: 上海市黄浦区中山东一路18号外滩18号7楼（近南京东路）

田子坊（Tianzifang）

Tianzifang is a cozy little lane district that housed some interesting and creative businesses.

Chinese address: 上海市泰康路210弄

29

3

Qù Huáng Shān yào duō cháng shíjiān
去黄山要多长时间

How long does it take to go to the Yellow Mount?

Topic	Traveling.
Functional sentences	1. Qù Huáng Shān yào duō cháng shíjiān? 去黄山要多长时间？ 2. Wǒ xiǎng mǎi qù Huáng Shān de qìchēpiào. 我想买去黄山的汽车票。 3. Qù Huán Shān yào liù ge xiǎoshí. 去黄山要六个小时。 4. Wǒ dǎsuàn liù diǎn qǐ chuáng. 我打算六点起床。 5. Tīngshuō Huáng Shān de rìchū fēicháng piàoliang. 听说黄山的日出非常漂亮。

词汇银行
Word Bank

rì 日 day
yuè 月 month
xīngqī 星期 week
nián 年 year

fēnzhōng 分钟 minute
miǎo 秒 second
xiǎoshí 小时 hour

6:30am
zǎoshang 早上 early morning
qǐ chuáng 起床 get up

9:30am
shàngwǔ 上午 morning
kàn shū 看书 read books

12:30pm
zhōngwǔ 中午 noon
chī fàn 吃饭 eat

15:30pm
xiàwǔ 下午 afternoon
xiūxi 休息 rest

20:30pm

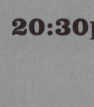

wǎnshang 晚上 evening
xǐ zǎo 洗澡 take a shower

连线 **Match**

zǎoshang
早上

shàngwǔ
上午

9:30

15:30

12:30

wǎnshang
晚上

6:30

zhōngwǔ
中午

20:30

xiàwǔ
下午

xiūxi
休息

qǐ chuáng
起床

chī fàn
吃饭

xǐ zǎo
洗澡

kàn shū
看书

1 去黄山要多长时间
Qù Huáng Shān yào duō cháng shíjiān

Shānběn: 山本:	Nǐ hǎo, wǒ xiǎng mǎi qù Huáng Shān de qìchēpiào. 你好,我想买去黄山的汽车票。
Shòupiàoyuán: 售票员:	Qù Huáng Shān de? Shénme shíhou? 去黄山的?什么时候?
Shānběn: 山本:	Míngtiān shàngwǔ bā diǎn. 明天上午八点。
Shòupiàoyuán: 售票员:	Méiyǒu bā diǎn de, shí diǎn kěyǐ ma? 没有八点的,十点可以吗?
Shānběn: 山本:	Hǎo ba. Qù Huáng Shān yào duō cháng shíjiān? 好吧。去黄山要多长时间?
Shòupiàoyuán: 售票员:	Yào liù ge xiǎoshí. Nín yào jǐ zhāng? 要六个小时。您要几张?
Shānběn: 山本:	Yào sān zhāng. Yígòng duōshao qián? 要三张。一共多少钱?
Shòupiàoyuán: 售票员:	Yígòng sānbǎi kuài. 一共三百块。
Shānběn: 山本:	Gěi nǐ. 给你。
Àilì: 爱丽:	Shānběn, wǒmen fā yìbǎi kuài de wēixìn hóngbāo gěi nǐ. 山本,我们发一百块的微信红包给你。
Shānběn: 山本:	Hǎo. 好。

生词 Vocabulary

1	长	cháng	adj.	long
2	多长	duō cháng		how long
3	时间	shíjiān	n.	time
4	想	xiǎng	aux.	want to
5	买	mǎi	v.	buy
6	汽车票	qìchēpiào	n.	bus ticket
7	汽车	qìchē	n.	automobile
8	上午	shàngwǔ	n.	morning
9	个	gè	m.	measure word
10	小时	xiǎoshí	n.	hour
11	红包	hóngbāo	n.	lucky money

专有名词 Proper noun

黄山	Huáng Shān	The Yellow Mount

翻译 Translation

Text 1 How long dose it take to go to the Yellow Mount?

Yamamoto:	Hello, I would like to buy bus tickets to the Yellow Mount.
Ticket seller:	To the Yellow Mount? When?
Yamamoto:	8 o'clock tomorrow morning.
Ticket seller:	There is no ticket at that time. Is 10 o'clock okay?
Yamamoto:	All right. How long does it take to go to the Yellow Mount?
Ticket seller:	It needs 6 hours. How many tickets do you want?
Yamamoto:	Three. How much in total?
Ticket seller:	Three hundred RMB.
Yamamoto:	Here you are.
Alexandra:	Yamamoto, we will send lucky money of WeChat to you.
Yamamoto:	Okay.

课文练习 EXERCISES

一 课文填空
Fill in the blanks according to the text.

1. Wǒ xiǎng mǎi qù Huáng Shān de
   我 想 买 去 黄 山 的 _____。

2. Míngtiān _____ bā diǎn.
   明天 _____ 八 点。

3. _____ Huáng Shān yào _____ _____ ?
   _____ 黄 山 要 _____ _____ ?

4. Yào liù _____ _____。
   要 六 _____ _____。

5. Nín yào _____ _____ qìchēpiào?
   您 要 _____ _____ 汽车票?

二 回答问题
Answer the following questions.

1. Shānběn tāmen yào qù nǎr?
   山本 他们 要 去 哪儿?

2. Tāmen yào mǎi shénme piào?
   他们 要 买 什么 票?

3. Tāmen mǎile jǐ diǎn de piào?
   他们 买了 几 点 的 票?

4. Qù Huáng Shān yào duō cháng shíjiān?
   去 黄 山 要 多 长 时间?

5. Shānběn mǎile jǐ zhāng piào?
   山本 买了 几 张 票?

2 你们打算明天几点起床

Nǐmen dǎsuàn míngtiān jǐ diǎn qǐ chuáng

山本: 你们打算明天几点起床?
Shānběn: Nǐmen dǎsuàn míngtiān jǐ diǎn qǐ chuáng?

大卫: 我打算六点起床,听说黄山的日出非常漂亮。
Dàwèi: Wǒ dǎsuàn liù diǎn qǐ chuáng, tīngshuō Huáng Shān de rìchū fēicháng piàoliang.

山本: 六点有点儿晚,我打算五点半起床。
Shānběn: Liù diǎn yǒudiǎnr wǎn, wǒ dǎsuàn wǔ diǎn bàn qǐ chuáng.

爱丽: 真的吗?我也想看日出。我们一起去吧。
Àilì: Zhēnde ma? Wǒ yě xiǎng kàn rìchū. Wǒmen yìqǐ qù ba.

山本: 你们打算坐缆车吗?
Shānběn: Nǐmen dǎsuàn zuò lǎnchē ma?

爱丽: 坐缆车多长时间?
Àilì: Zuò lǎnchē duō cháng shíjiān?

山本: 四十分钟。爬山要一天!
Shānběn: Sìshí fēnzhōng. Pá shān yào yì tiān!

大卫: 什么?一天?我不想累成狗!我只想坐缆车。
Dàwèi: Shénme? Yì tiān? Wǒ bù xiǎng lèichéng gǒu! Wǒ zhǐ xiǎng zuò lǎnchē.

山本
爱丽: 哦,好吧。
Shānběn
Àilì: Ò, hǎo ba.

坐缆车多长时间?

什么?一天!我不想累成狗!我只想坐缆车。

四十分钟。爬山要一天!

生词 Vocabulary

1	打算	dǎsuàn	v./n.	to plan; plan
2	起床	qǐ chuáng		get up
3	听说	tīngshuō	v.	hear
4	日出	rìchū	n.	sunrise
5	晚	wǎn	adj.	late
6	一起	yìqǐ	adv.	together
7	坐	zuò	v.	sit; travel by (car, train, plane, etc.)
8	分钟	fēnzhōng	m.	minute
9	缆车	lǎnchē	n.	cable car
10	爬山	pá shān		climb the mountain
11	累成狗	lèichéng gǒu		as tired as a dog
12	累	lèi	adj.	tired
13	成	chéng	v.	become
14	狗	gǒu	n.	dog
15	只	zhǐ	adv.	only
16	哦	ò	int.	Oh, I see.

翻译 Translation

Text 2 What time are you planning to get up tomorrow morning?

Yamamoto: What time are you planning to get up tomorrow morning?
David: I am planning to get up at 6 o'clock. I heard that the sunrise of the Yellow Mount is very beautiful.
Yamamoto: It is a little bit late. I am planning to get up at 5:30.
Alexandra: Really? I also want to watch the sunrise. Let's go together.
Yamamoto: Are you planning to take the cable cars?
Alexandra: How long does it take the cable cars?
Yamamoto: It takes 40 minutes, while it costs a day to climb by yourself.
David: What? One day? I don't want to be as tired as a dog! I only want to take the cable car.
Yamamoto
Alexandra : I see. All right.

课文练习 EXERCISES

一 课文填空
Fill in the blanks according to the text.

        Nǐmen   míngtiān jǐ diǎn qǐ chuáng?
1. 你们 _____ 明天 几 点 起 床？

              Huáng Shān de rìchū fēicháng piàoliang.
2. _____ 黄 山 的 日出 非常 漂亮。

       Liù diǎn   wǎn.
3. 六 点 _____ 晚。

       Zuò lǎnchē
4. 坐 缆车 _____ _____？

       Wǒ   xiǎng zuò lǎnchē.
5. 我 _____ 想 坐 缆车。

二 根据关键词语复述课文
Retell the text according to the key words.

dǎsuàn	tīngshuō	yǒudiǎnr	yìqǐ	zhǐ
打算	听说	有点儿	一起	只

Grammar Market 语法超市

1. Structure: 去 (qù)……（要）多长时间 [(yào) duō cháng shíjiān]
   How long does it take to go…? (" 要 " can be omitted sometimes.)

去	Someplace	要	多长时间?
Qù 去	Huáng Shān 黄 山	(yào) (要)	duō cháng shíjiān? 多 长 时间?
Qù 去	Shànghǎi 上海	(yào) (要)	duō cháng shíjiān? 多 长 时间?
Qù 去	Fǎguó 法国	(yào) (要)	duō cháng shíjiān? 多 长 时间?

2. Expressions of time period

	Time period of second, minute, hour, day, week, month and year
Yào duō cháng shíjiān? 要 多 长 时间?	shí miǎo 十 秒
	shíwǔ fēnzhōng / yí kèzhōng 十五 分钟 / 一 刻钟
	sānshí fēnzhōng / bàn (ge) xiǎoshí 三十 分钟 / 半 (个) 小时
	sìshíwǔ fēnzhōng / sān kèzhōng 四十五 分钟 / 三 刻钟
	sān (ge) xiǎoshí 三 (个) 小时
	sì tiān 四 天
	liǎng (ge) xīngqī 两 (个) 星期
	shí ge yuè 十 个 月
	bā nián 八 年

3. Verb 打算 (dǎsuàn)

Plan to do something.

Subject		Predicate		
Nǐmen 你们	dǎsuàn 打算	jǐ diǎn 几点		qǐ chuáng? 起床?
Nǐ 你		zhōumò 周末		zuò shénme? 做什么?
Wǒ 我		xiàwǔ 下午		shuì jiào. 睡觉。
Nǐmen 你们				zuò lǎnchē ma? 坐缆车吗?

任务环节 ◀ Mission possible!

1. 双人活动：我的一天
Pair work: My day.

和你的同伴一起说说爱丽的一天，然后制作自己的时间表，并交流。
Talk about Alexandra's day with your partner. Then make your own time table and communicate with your partner.

Àilì de yì tiān 爱丽的一天							
6:00	6:30 — 7:30	8:50 — 10:50	12:00 — 12:30	14:00 — 16:30	20:00 — 21:00	23:30 — 6:00
qǐchuáng 起床	chī zǎofàn 吃早饭	shàng kè 上课	chī wǔfàn 吃午饭	kàn shū 看书	jiànshēn 健身	shuì jiào 睡觉

Wǒ de yì tiān 我的一天						

2. 小组活动：我们的旅行计划
Group work: Our traveling plan.

和你的小组成员一起制定一个旅行计划并讨论。
Make a traveling plan within a group then discuss in the class.

示例 For example:

Wǒmen de lǚxíng jìhuà
我们 的 旅行 计划
Our traveling plan

1. Xīngqīyī: Wǒmen dǎsuàn qù mǎi qìchēpiào, qìchēpiào yìbǎi kuài yì zhāng.
   星期一： 我们 打算 去 买 汽车票， 汽车票 100 块 一 张。

2. Xīngqī'èr: Wǒmen qù Huáng Shān, wǒmen dǎsuàn qù kàn rìluò.
   星期二： 我们 去 黄 山， 我们 打算 去 看 日落。

3. Xīngqīsān: Wǒmen zǎoshang liù diǎn qǐ chuáng, qù kàn rìchū.
   星期三： 我们 早上 6 点 起 床， 去 看 日出。

4. Xīngqīsì: Wǒmen zuò qìchē huí Shànghǎi.
   星期四： 我们 坐 汽车 回 上海。

Wǒmen de lǚxíng jìhuà
我们 的 旅行 计划
Our traveling plan

1.

2.

3.

4.

5.

日常表达 Daily Expressions

1. A: 你看日出了吗？ Have you seen the sunrise?
   (Nǐ kàn rìchū le ma?)
   B: 看了，太美了！ Yes, it was beautiful!
   (Kàn le, tài měi le!)

2. A: 山顶冷吗？ Is it cold on the top of the mountain?
   (Shāndǐng lěng ma?)
   B: 有点儿冷，多带点儿衣服吧。 It's a bit cold. Let's take more clothes.
   (Yǒudiǎnr lěng, duō dàidiǎnr yīfu ba.)

3. A: 山顶有酒店吗？ Is there any hotel on the top of the mountain?
   (Shāndǐng yǒu jiǔdiàn ma?)
   B: 有，但是有点儿贵。 Yes. But it's a little expensive.
   (Yǒu, dànshì yǒudiǎnr guì.)

4. A: 怎么还没到山顶？ Why have not we arrived at the top of the mountain?
   (Zěnme hái méi dào shāndǐng?)
   B: 快到了。 Arriving soon.
   (Kuài dào le.)
   A: 我要累疯了！ I am super tired!
   (Wǒ yào lèifēng le!)

Pop Chinese 中国流行语

世界这么大，我想去看看。（Shìjiè zhème dà, wǒ xiǎng qù kànkan.）

Literally, it means the speaker wants to travel around the world instead of working everyday. The sentence was originated from the internet and became a hit among Chinese young people who want to get rid of the fastidious work.

How to use?

Nǐ wèi shénme cí zhí?
A: 你为什么辞职？
Why do you want to quit?

Shìjiè zhème dà, wǒ xiǎng qù kànkan.
B: 世界这么大，我想去看看。
The world is so fantastic that I want to have a look at it.

玩在中国　**Having Fun in China**

杭州篇　HANGZHOU

龙井茶田 Longjing (Dragon well) tea farmland

At the end of March and beginning of April, you can visit the dragon well tea farmland where it grows the famous Longjing tea, also you can taste the tea, learn the tea production procedure as well as enjoy the food in local peasants' houses.

Chinese address: 杭州市西湖龙井村

西湖天地 Xihu (West Lake) World

Xihu World is partly hidden in the garden area with a very relaxing atmosphere. The architectural buildings of Xihu World fully take advantage of modern and traditional elements. Xihu World has become a brand new landmark in Hangzhou, where boutiques sell international brands, up-market restaurants serve a variety of local flavors and bars fill the area—it's a blend of nature and fashion.

Chinese address: 杭州市上城区南山路

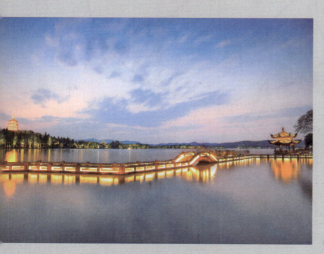

4

Tā jiāo wǒ Hànyǔ
他 教 我 汉语
He teaches me Chinese.

Topic: Language partner.

Functional sentences:

1. Tā jiāo wǒ Hànyǔ.
   他 教 我 汉语。
2. Wǒ shì zài Hànyǔ jiǎo zhǎo de.
   我 是 在 汉语角 找 的。
3. Wǒ xiǎng zhǎo yí ge yǔbàn.
   我 想 找 一 个 语伴。
4. Yì xīngqī liǎng cì zěnmeyàng?
   一 星期 两 次 怎么样?
5. Měi cì yí ge bàn xiǎoshí zuǒyòu.
   每 次 一 个 半 小时 左右。

词汇银行
Word Bank

Hànyǔ
汉语
Chinese

Yīngyǔ
英语
English

Rìyǔ
日语
Japanese

Fǎyǔ
法语
French

Hànyǔjiǎo
汉语角
Chinese corner

yǔbàn
语伴
language partner

Tā jiāo wǒ Hànyǔ
他教我汉语

Shānběn: Dàwèi, nǐ zěnme le?
山本： 大卫，你怎么了？

Dàwèi: Wǒ yǐjīng lái Zhōngguó yì nián le, dànshì wǒ de Hànyǔ háishì tèbié chà.
大卫： 我已经来中国一年了，但是我的汉语还是特别差。

Shānběn: Zhǎo yí ge yǔbàn ba.
山本： 找一个语伴吧。

Dàwèi: Yǔbàn? Zhēn shì yí ge hǎo zhúyi.
大卫： 语伴？真是一个好主意。

Shānběn: Wǒ yǒu yí ge yǔbàn. Wǒ jiāo tā Rìyǔ, tā jiāo wǒ Hànyǔ.
山本： 我有一个语伴。我教他日语，他教我汉语。

Dàwèi: Nǐ shì zài nǎr zhǎo de?
大卫： 你是在哪儿找的？

Shānběn: Wǒ shì zài Hànyǔjiǎo zhǎo de. Wǒ cānjiāle Hànyǔjiǎo de huódòng, rènshile wǒ de yǔbàn.
山本： 我是在汉语角找的。我参加了汉语角的活动，认识了我的语伴。

Dàwèi: Zěnme cānjiā?
大卫： 怎么参加？

Shānběn: Xià cì wǒ jiào nǐ yìqǐ qù ba.
山本： 下次我叫你一起去吧。

我是在汉语角找的。

你是在哪儿找的？

我有一个语伴。我教他日语，他教我汉语。

生词 Vocabulary

1	教	jiāo	v.	teach
2	已经	yǐjīng	adv.	already
3	年	nián	n.	year
4	还是	háishì	adv.	still
5	差	chà	adj.	poor, bad
6	找	zhǎo	v.	look for
7	语伴	yǔbàn	n.	language partner
8	主意	zhúyi	n.	idea, mind
9	他	tā	pron.	he, him
10	汉语角	Hànyǔjiǎo	n.	Chinese corner
11	参加	cānjiā	v.	take part in
12	活动	huódòng	n.	activity
13	怎么	zěnme	pron.	how, why
14	下次	xià cì		next time
15	下	xià	n.	next
16	叫	jiào	v.	call

专有名词 Proper noun

日语	Rìyǔ	Japanese

翻译 Translation

Text 1 He teaches me Chinese.

Yamamoto: David, what's up?
David: I have been in China for one year, but my Chinese is still weak.
Yamamoto: How about looking for a language partner?
David: Language partner? It is a good idea.
Yamamoto: I have a language partner. I teach him Japanese and he teaches me Chinese.
David: Where did you find him?
Yamamoto: It was in the Chinese corner that I found him. I attended one of their activities and knew him.
David: How can I attend?
Yamamoto: I'll tell you to join together next time.

课文练习 EXERCISES

一 课文填空
Fill in the blanks according to the text.

1. 大卫，你 _____ 了？
   Dàwèi, nǐ _____ le?

2. 我 _____ 来 中国 一 年 了。
   Wǒ _____ lái Zhōngguó yì nián le.

3. 我 _____ 他 日语，他 _____ 我 汉语。
   Wǒ _____ tā Rìyǔ, tā _____ wǒ Hànyǔ.

4. 你 是 在 _____ 找 _____？
   Nǐ shì zài _____ zhǎo _____?

5. 我 _____ 了 汉语角 的 活动。
   Wǒ _____ le Hànyǔjiǎo de huódòng.

二 判断对错
True or false.

1. 大卫 已经 来 中国 两 年 了。　□
   Dàwèi yǐjīng lái Zhōngguó liǎng nián le.

2. 大卫 的 汉语 特别 差。　□
   Dàwèi de Hànyǔ tèbié chà.

3. 山本 有 一 个 语伴。　□
   Shānběn yǒu yí ge yǔbàn.

4. 山本 的 语伴 是 在 汉语角 找 的。　□
   Shānběn de yǔbàn shì zài Hànyǔjiǎo zhǎo de.

5. 爱丽 也 想 找 一 个 语伴。　□
   Àilì yě xiǎng zhǎo yí ge yǔbàn.

2 我想找一个语伴

大卫：美女，我想找一个语伴。你有兴趣吗？

方芳：你教我英语，我教你汉语吗？

大卫：是的，有兴趣吗？

方芳：当然有。一星期几次？

大卫：一星期两次怎么样？

方芳：好呀，每次多长时间？

大卫：每次一个半小时左右，可以吗？

方芳：好的，我们在哪里见面？

大卫：就在附近的星巴克吧。

美女，我想找一个语伴，你有兴趣吗？

你教我英语，我教你汉语吗？

是的，有兴趣吗？

当然有。

生词 Vocabulary

1	兴趣	xìngqù	n.	interest
2	两	liǎng	num.	two
3	呀	ya	int.	used at the end of a sentence
4	左右	zuǒyòu	n.	approximately
5	哪里	nǎlǐ	pron.	where
6	见面	jiàn miàn		meet

专有名词 Proper nouns

| 1 | 方芳 | Fāng Fāng | name of a girl |
| 2 | 英语 | Yīngyǔ | English |

翻译 Translation

Text 2 I want to find a language partner.

David:	Hey, pretty! I am looking for a language partner. Do you have any interest?
Fang Fang:	You teach me English and I teach you Chinese?
David:	Yes. Are you interested?
Fang Fang:	Sure! How many times do we meet every week?
David:	How about twice a week?
Fang Fang:	Good! How long does it take every time?
David:	About 1.5 hours a week. Is that Okay?
Fang Fang:	Okay! Where do we meet?
David:	Let's just meet in the Starbucks nearby.

课文练习 EXERCISES

一 回答问题
Answer the following questions.

1. 大卫 的 语伴 叫 什么？
   Dàwèi de yǔbàn jiào shénme?

2. 大卫 教 她 什么？ 她 教 大卫 什么？
   Dàwèi jiāo tā shénme? Tā jiāo dàwèi shénme?

3. 他们 一 星期 见 几 次 面？
   Tāmen yì xīngqī jiàn jǐ cì miàn?

4. 每 次 多 长 时间？
   Měi cì duō cháng shíjiān?

5. 他们 在 哪里 见 面？
   Tāmen zài nǎlǐ jiàn miàn?

二 根据关键词语复述课文
Retell the text according to the key words.

zhǎo	yǒu xìngqù	jiāo	cì	měi
找	有兴趣	教	次	每

语法超市　**Grammar Market**

1. Structure: V+ Object 1 (sb.)+ Object 2 (sth.)
   Verb: 教 (jiāo)　给 (gěi)　找 (zhǎo)

Subject	Verb	Object 1 (sb.)	Object 2 (sth.)
Tā 她	jiāo 教	wǒ 我	Hànyǔ. 汉语。
Wǒ 我	gěi 给	tā 他	yì běn shū. 一本 书。
Wǒ 我	zhǎo 找	nǐ 你	wǔ kuài qián. 五 块 钱。

2. Adverb 还是 (háishì)
   It is an adverb which means "still". It indicates an actions or state keeping unchanged.

Wǒ yǐjīng lái Zhōngguó yì nián le, dànshì 我 已经 来 中国 一 年 了，但是 wǒ de Hànyǔ 我 的 汉语	háishì 还是	tèbié chà. 特别 差。
Yǐjīng sān diǎn le, Àilì 已经 三 点 了，爱丽	háishì 还是	méiyǒu shuì jiào. 没有 睡 觉。
Wǒmen yǐjīng fēn shǒu sān nián le, dànshì wǒ 我们 已经 分 手 三 年 了，但是 我	háishì 还是	hěn xǐhuan tā. 很 喜欢 他。

3. Structure: 是……的 (shì……de): To confirm, to emphasize.

Subject	是		Verb	的	Omitted noun	
Nǐ 你	shì 是	zài nǎr 在 哪儿	zhǎo 找	de 的	(yǔbàn) （语伴）	?
Nǐ 你	shì 是	zài nǎr 在 哪儿	xué 学	de 的	(Hànyǔ) （汉语）	?

The structure can also be used to emphasize time, way and other things.

Subject	是		Verb	的	Omitted noun	
Nǐ 你	shì 是	jǐ diǎn 几 点	dào 到	de 的	(Shànghǎi) （上海）	?
Nǐ 你	shì 是	zěnme 怎么	qù 去	de 的	(Běijīng) （北京）	?
Wǒ 我	shì 是	zuò gāotiě 坐 高铁	qù 去	de 的	(Běijīng) （北京）	。

4. Pronoun 怎么 (zěnme) (how): Asking the way of doing something.

Subject	怎么	Verb/Verb phrase
Hànyǔjiǎo 汉语角	zěnme 怎么	cānjiā? 参加?
Nǐ 你	zěnme 怎么	qù Shànghǎi? 去 上海?
Wēixìn hóngbāo 微信 红包	zěnme 怎么	fā? 发?

55

任务环节 Mission possible!

小组活动：我要找一个语伴
Group work: I want to find a language partner.

采访你的小组成员，问一问他们想找什么样的语伴。
Interview your group members, and ask them about what kind of language partner they want to find.

我要找一个语伴					
name	appearance	gender	language	personality	others

现在，根据其中一位组员的要求，为他／她设计一张寻找语伴的海报，并且将海报张贴在学校公告栏，或挂在网上。
Now according to the requirement of one of group members, please design a post for him/her about looking for a language partner. Then try to post it at the school's board or on internet.

Daily Expressions 日常表达

1. A: 我的口语不好，怎么办?
   Wǒ de kǒuyǔ bù hǎo, zěnmebàn?
   My spoken Chinese is not very good. What should I do?

   B: 我可以和你一起练习口语。
   Wǒ kěyǐ hé nǐ yìqǐ liànxí kǒuyǔ.
   I can practice spoken Chinese with you.

2. A: 你的中文真好!
   Nǐ de Zhōngwén zhēn hǎo!
   Your Chinese is really good!

   B: 哪里哪里! 谢谢夸奖!
   Nǎlǐ nǎlǐ! Xièxie kuājiǎng!
   I am flattered! Thank you for your compliment!

3. A: 我的汉语老师特别漂亮!
   Wǒ de Hànyǔ lǎoshī tèbié piàoliang!
   My Chinese teacher is so pretty!

   B: 真的吗? 我也想认识她!
   Zhēnde ma? Wǒ yě xiǎng rènshi tā!
   Really? I want to know her!

4. A: 老师，我想考HSK。
   Lǎoshī, wǒ xiǎng kǎo HSK.
   Teacher, I want to attend HSK.

   B: 你想考几级?
   Nǐ xiǎng kǎo jǐ jí?
   Which level do you want to attend?

57

中国流行语　Pop Chinese

怪我咯（Guài wǒ lo）

It is an internet sentence which has been popular for a long time. It means "It's all my fault." However, it usually conveys the irony meaning that how you could blame me for that.

How to use?

Dàwèi:　　　　Wǒ de kǎoshì chéngjì hěn chà, ài!
大卫：　　　　我 的 考试 成绩 很 差，唉！
Lǐ lǎoshī:　　　Guài wǒ lo!
李老师：　　　怪 我 咯！

Having Fun in China 玩在中国

苏州篇 SUZHOU

诚品书店 Eslite Bookstore

It is one of the most popular bookstores in Suzhou. There are also wine cellar, teashops, clothing boutiques, a food court and cafes. It is an integrated platform, including music and dance performances, film screenings, art exhibits and cooking shows, that supports bookstore and promotes.

Chinese address: 苏州市工业园区月廊街 8 号

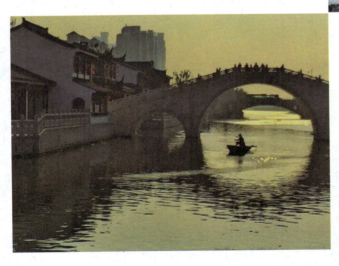

斜塘老街 Xietang old street

This street is full of typical houses of ancient Suzhou with white walls and black tiles. Walking along the street, you'll see punt-style boats down the river that runs alongside it.

Chinese address: 苏州市工业园区斜塘老街

5

Shuāngrénfáng háishì dàchuángfáng
双人房 还是 大床房
Twin room or queen room?

Topic	Booking a hotel.
Functional sentences	1. Nín yào shuāngrénfáng háishì dàchuángfáng? 您 要 双人房 还是 大床房? 2. Fàndiàn lí jīchǎng yuǎn bu yuǎn? 饭店 离 机场 远 不 远? 3. Wǒmen yào shàng fēijī le. 我们 要 上 飞机 了。 4. Jīchǎng lí shìzhōngxīn bú tài yuǎn. 机场 离 市中心 不 太 远。 5. Nǐmen zhíjiē qù nàr ba. 你们 直接 去 那儿 吧。

词汇银行
Word Bank

qiántái
前台
reception

shuāngrénfáng
双人房
twin room

dàchuángfáng
大床房
queen room

fángkǎ
房卡
room card

chuángdān
床单
sheet

bèizi
被子
quilt

zhěntou
枕头
pillow

shuìyī
睡衣
pajama

tuōxié
拖鞋
slipper

máojīn
毛巾
towel

yágāo
牙膏
tooth paste

yáshuā
牙刷
tooth brush

xǐfàshuǐ
洗发水
shampoo

mùyùlù
沐浴露
shower gel

yījià
衣架
hangers

chuīfēngjī
吹风机
hair drier

连线 **Match**

fángkǎ
房卡

dàchuángfáng
大床房

shuāngrénfáng
双人房

chuīfēngjī
吹风机

qiántái
前台

máojīn
毛巾

tuōxié
拖鞋

mùyùlù
沐浴露

yījià
衣架

yáshuā
牙刷

Shuāngrénfáng háishì dàchuángfáng
双人房 还是 大床房

Fúwùyuán: Wèi, nín hǎo! Shànghǎi Dàfàndiàn.
服务员：喂，您好！上海大饭店。

Àilì: Wèi, nǐ hǎo! Wǒ xiǎng dìng yí ge fángjiān.
爱丽：喂，你好！我想订一个房间。

Fúwùyuán: Nín xiǎng yào shénme fángjiān? Shuāngrénfáng háishì dàchuángfáng?
服务员：您想要什么房间？双人房还是大床房？

Àilì: Wǒ yào yí ge dàchuángfáng. Fángjiān li shì wúxiànwǎng
爱丽：我要一个大床房。房间里是无线网
háishì yǒuxiànwǎng?
还是有线网？

服务员: 无线网。

爱丽: 房间里有没有电脑?

服务员: 不好意思,房间里没有,但是前台有。

爱丽: 饭店离机场远不远?

服务员: 不远。

爱丽: 要多长时间?

服务员: 您坐地铁还是坐出租车?

爱丽: 我坐出租车。

服务员: 坐出租车要四十分钟。

爱丽: 好的。

生词 *Vocabulary*

1	双人房	shuāngrénfáng	n.	twin room
2	还是	háishì	conj.	or
3	大床房	dàchuángfáng	n.	queen room
4	饭店	fàndiàn	n.	hotel
5	订	dìng	v.	book
6	无线网	wúxiànwǎng	n.	wireless internet
7	有线网	yǒuxiànwǎng	n.	wired internet
8	电脑	diànnǎo	n.	computer
9	不好意思	bù hǎoyìsi		I am sorry.
10	前台	qiántái	n.	reception
11	离	lí	prep.	away
12	机场	jīchǎng	n.	airport
13	地铁	dìtiě	n.	metro, subway
14	出租车	chūzūchē	n.	taxi

专有名词 *Proper noun*

上海大饭店　　Shànghǎi Dàfàndiàn　　Shanghai Grand Hotel

翻译 Translation

Text 1 Twin room or queen room?

Waiter:	Hello! Shanghai Grand Hotel.
Alexandra:	Hello! I would like to book a room.
Waiter:	Which room would you like to book? Twin room or queen room?
Alexandra:	I want a queen room. Is it a wireless or wired internet connection in the room?
Waiter:	Wireless.
Alexandra:	Is there a computer in the room?
Waiter:	I am sorry. There isn't a computer in the room, but there is one available at the reception desk.
Alexandra:	Is the hotel far from the airport?
Waiter:	Not really.
Alexandra:	How long does it take?
Waiter:	Will you take the subway or taxi?
Alexandra:	Taxi.
Waiter:	It needs 40 min.
Alexandra:	Okay.

课文练习 EXERCISES

一 课文填空
Fill in the blanks according to the text.

1. 我 想 _____ 一 个 房间。
   Wǒ xiǎng _____ yí ge fángjiān.

2. 房间 里是 无线网 _____ 有线网?
   Fángjiān li shì wúxiànwǎng _____ yǒuxiànwǎng?

3. 房间 里 _____ _____ 电脑?
   Fángjiān li _____ _____ diànnǎo?

4. 饭店 _____ 机场 _____ _____?
   Fàndiàn _____ jīchǎng _____ _____?

5. 坐 出租车 _____ 四十 分钟。
   Zuò chūzūchē _____ sìshí fēnzhōng.

二 判断对错
True or false.

1. 爱丽 订了 一 个 大床房。 ☐
   Àilì dìngle yí ge dàchuángfáng.

2. 房间 里 没有 无线网。 ☐
   Fángjiān li méiyǒu wúxiànwǎng.

3. 房间 里 有 电脑。 ☐
   Fángjiān li yǒu diànnǎo.

4. 饭店 离 机场 不 远。 ☐
   Fàndiàn lí jīchǎng bù yuǎn.

5. 饭店 到 机场 坐 地铁 要 四十 分钟。 ☐
   Fàndiàn dào jīchǎng zuò dìtiě yào sìshí fēnzhōng.

2. 我们要上飞机了
Wǒmen yào shàng fēijī le

爱丽: 爸，妈，你们要上飞机了吗?
Àilì: Bà, mā, nǐmen yào shàng fēijī le ma?

妈妈: 我们要上飞机了。现在是巴黎时间下午两点。
Māma: Wǒmen yào shàng fēijī le. Xiànzài shì Bālí shíjiān xiàwǔ liǎng diǎn.

爸爸: 爱丽，机场离上海市中心远吗?
Bàba: Àilì, jīchǎng lí Shànghǎi shìzhōngxīn yuǎn ma?

爱丽: 机场离市中心不太远。
Àilì: Jīchǎng lí shìzhōngxīn bú tài yuǎn.

爸爸: 那我们打的吧。
Bàba: Nà wǒmen dǎ dī ba.

爱丽: Yě kěyǐ yòng Shénzhōu Zhuānchē. Wǒ dìngle Shànghǎi Dàfàndiàn, nǐmen zhíjiē qù nàr ba.
也可以用 神州 专车。我订了 上海 大饭店，你们 直接 去 那儿 吧。

爸爸: Fàndiàn lí jīchǎng jìn ma?
饭店 离 机场 近 吗？

爱丽: Hěn jìn.
很 近。

爸爸: Wǒmen yào chūfā le. Shànghǎi jiàn!
我们 要 出发 了。上海 见！

爱丽: Wǒ yě yào shuì jiào le! Wǎn'ān! Míngtiān jiàn.
我 也 要 睡 觉 了！晚安！明天 见。

生词 Vocabulary

1	要……了	yào……le		will, be going to
2	上	shàng	v.	get on
3	飞机	fēijī	n.	airplane
4	市中心	shìzhōngxīn	n.	downtown
5	那	nà	conj.	then
6	打的	dǎ dī		take a cab
7	用	yòng	v.	use
8	直接	zhíjiē	adv.	directly
9	那儿	nàr	pron.	there
10	近	jìn	adj.	near
11	出发	chūfā	v.	set off
12	见	jiàn	v.	meet
13	晚安	wǎn'ān	v.	good night

专有名词 *Proper nouns*

1. 巴黎   Bālí   Paris
2. 神州专车   Shénzhōu Zhuānchē   Ucar, an App used for calling taxi

翻译 Translation

Text 2 We are getting on board.

Alexandra: Dad and mom, are you getting on board?
Mom: We are. It's now 2 o'clock in the afternoon in Paris.
Dad: Alexandra, is the airport far from the downtown of Shanghai?
Alexandra: The airport is not far from the downtown.
Dad: Let's take a taxi then.
Alexandra: You can also use Ucar. I booked a room in Shanghai Grand Hotel. You can go there directly.
Dad: Is the hotel close to the airport?
Alexandra: Very close.
Dad: Okay. We are setting off. See you in Shanghai.
Alexandra: I am going to bed. Good night! See you tomorrow.

课文练习 EXERCISES

一、课文填空
Fill in the blanks according to the text.

1.   Wǒmen   shàng   fēijī
    我们 _____ 上 飞机 _____。

2.   Jīchǎng   Shànghǎi shìzhōngxīn   ma?
    机场 _____ 上海 市中心 _____ 吗？

3.   Jīchǎng lí shìzhōngxīn
    机场 离 市中心 _____ _____ 。

4.   Wǒ   le Shànghǎi Dàfàndiàn.
    我 _____ 了 上海 大饭店。

5.   Wǒmen yào   le.
    我们 要 _____ 了。

二、根据关键词语复述课文
Retell the text according to the key words.

yào…le	lí	yuǎn / jìn	bú tài	dìng
要……了	离	远 / 近	不太	订

语法超市 Grammar Market

1. Conjunction 还是 (háishì) (or)
   It is a conjunction used to connect two identical components. It can connect nouns, verbs, adjectives, etc..

	Components 1	还是	Components 2	
	Shuāngrénfáng 双人房	háishì 还是	dàchuángfáng? 大床房?	
Fángjiān li shì 房间 里 是	wúxiànwǎng 无线网	háishì 还是	yǒuxiànwǎng? 有线网?	
Nín shì 您 是	zuò dìtiě 坐 地铁	háishì 还是	zuò chūzūchē? 坐 出租车?	
Wǒmen 我们	liù diǎn 六 点	háishì 还是	qī diǎn 七 点	qǐ chuáng? 起 床?

2. Preposition 离 (lí) (from): Ask for the distance.

Place 1	离	Place 2	远／近
Jīchǎng 机场	lí 离	shìzhōngxīn 市中心	yuǎn ma? 远 吗?
Fàndiàn 饭店	lí 离	jīchǎng 机场	yuǎn bu yuǎn? 远 不 远?
Chāoshì 超市	lí 离	wǒmen 我们	jìn ma? 近 吗?

3. Phrase 要 (yào)……了 (le) (about to): The action will happen in a short time.

Subject	要	Verb/Verb phrase	了
Àilì de bàba māma 爱丽 的 爸爸 妈妈	yào 要	shàng fēijī 上 飞机	le. 了。
Wǒ 我	yào 要	shuì jiào 睡 觉	le. 了。
Tā 他	yào 要	qù Shànghǎi 去 上海	le. 了。

Mission possible! 任务环节

1. 双人活动：……还是……
Pair work: ...or...

下图中有一些地点，跟你的同伴商量一下怎么去那里。
Here are some locations that you and your partner are planning to go. Choose the proper trasportation by using the sentence with word "……还是……".

示例 For example:

A：Qù Shànghǎi zuò qìchē háishì gāotiě?
　 去 上海 坐 汽车 还是 高铁？

B：Gāotiě.
　 高铁。

trasportation	locations
汽车 / 走路 / 摩托车 / 自行车 / 飞机 / 高铁	 Niǔyuē 纽约 / Tiān'ānmén 天安门 / Sūzhōu 苏州 / Shànghǎi 上海 / Běijīng 北京 / Bālí 巴黎 / Xī'ān 西安 / Chángchéng 长城

2. 小组活动：说说我的计划
   Group work: My daily schedule.

做一个一天的计划，说说一天的打算。
Make a daily schedule and use the structure to make sentences.

示例 For example:

		要……了
1	7:30	Wǒ yào qǐ chuáng le. 我 要 起 床 了。
2	8:30	Wǒ yào shàng kè le. 我 要 上 课 了。
3	12:00	Wǒ yào chī fàn le. 我 要 吃 饭 了。
4	19:00	Wǒ yào xuéxí Hànyǔ le. 我 要 学习 汉语 了。
5	22:00	Wǒ yào shuì jiào le. 我 要 睡 觉 了。

My daily schedule

		要……了
1		
2		
3		
4		
5		

Daily Expressions  日常表达

1. A: Zhèlǐ de Wi-Fi zěnmeyàng?
   这里 的 Wi-Fi 怎么样? How is the Wi-Fi here?
   B: Tèbié kuài!
   特别 快! Extremly fast!

2. A: Fángjiān de Wi-Fi mìmǎ shì duōshao?
   房间 的 Wi-Fi 密码 是 多少? What's the Wi-Fi code of the room?
   B: Bā ge bā.
   八 个 8。 Eight 8.

3. A: Jiǔdiàn hé jīpiào zài nǎr dìng zuì piányi?
   酒店 和 机票 在 哪儿 订 最 便宜?
   Where can I book the cheapest hotel and air tickets?
   B: Xiéchéng.
   携程。 C-trip.

4. A: Nín hǎo, wǒ jiào Àilì, dìngle yí ge dàchuángfáng.
   您 好,我 叫 爱丽,订了 一 个 大床房。
   Hello! My name is Alexandra. I booked a queen room in your hotel.
   B: Nín hǎo, zhè shì nín de fángkǎ.
   您 好, 这 是 您 的 房卡。
   This is your room card.

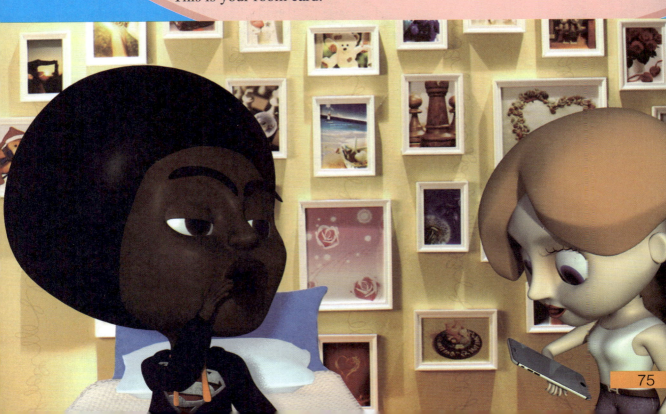

中国流行语 Pop Chinese

白富美（báifùměi）

It refers to those pretty and fair-skinned girls who were born in the wealthy families or have a lot of money.

How to use?

A: Wǒ tīngshuō Àilì hěn yǒuqián.
我 听说 爱丽 很 有钱。

B: Shì de! Tā shì Fǎguó de báifùměi.
是 的！她 是 法国 的 白富美。

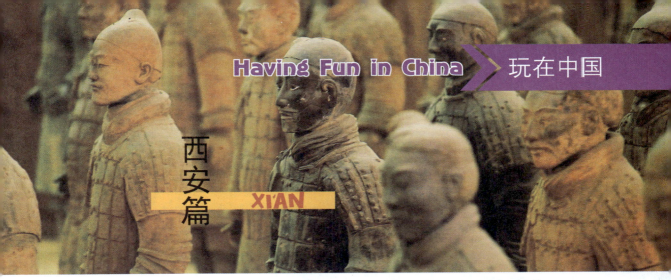

Having Fun in China 玩在中国

西安篇 XI'AN

西仓花鸟
Xicang flowers & birds market

A famous market sells flowers, birds, fishs and other insects. It only opens on Thursday and Sunday.

Chinese address: 西安市西仓北街

大华 1935 Dahua 1935

A vast area of old factories, Dahua1935, is Xi'an's main concentration of contemporary art galleries.

Chinese address: 西安市太华南路 251 号

6

Wǒ chuānzhe hóngsè de qúnzi
我 穿着 红色 的 裙子
I am wearing a red dress.

Topic	Picking up guests.
Functional sentences	1. Yīnwèi wǒ xǐhuan Zhōngguó de wénhuà, suǒyǐ 因为 我 喜欢 中国 的 文化，所以 lái Zhōngguó liú xué. 来 中国 留 学。 2. Nǐ lái Zhōngguó duō cháng shíjiān le? 你 来 中国 多 长 时间 了？ 3. Nǐ qùguo shénme dìfang? 你 去过 什么 地方？ 4. Āyí chuānzhe qípáo, tèbié piàoliang. 阿姨 穿着 旗袍，特别 漂亮。 5. Bié liáo tiān le, wǒmen zǒu ba. 别 聊 天 了，我们 走 吧。

词汇银行
Word Bank

Běijīng
北京
Beijing

Chéngdū
成都
Chengdu

Shànghǎi
上海
Shanghai

Sūzhōu
苏州
Suzhou

Xī'ān
西安
Xi'an

Xiānggǎng
香港
Hong Kong

Àomén
澳门
Macao

yǎnjìng
眼镜
glasses

gāogēnxié
高跟鞋
high heels

máoyī
毛衣
sweater

niúzǎikù
牛仔裤
jeans

píxié
皮鞋
leather shoes

màozi
帽子
hat

tángzhuāng / qípáo
唐装／旗袍
Tangzhuang/ Chi-Pao

连线 **Match**

Xiānggǎng
香港

Běijīng
北京

Shànghǎi
上海

Chéngdū
成都

Xī'ān
西安

Sūzhōu
苏州

tángzhuāng / qípáo
唐装 / 旗袍

máoyī
毛衣

gāogēnxié
高跟鞋

niúzǎikù
牛仔裤

yǎnjìng
眼镜

Nǐ qùguo shénme dìfang
你去过什么地方

Shānběn:	Āi! Shīfu, wǒ děngle yí ge xiǎoshí le!
山本：	哎！师傅，我等了一个小时了！
Shīfu:	Nǐ wèi shénme bú yòng Dīdī dǎ chē?
师傅：	你为什么不用滴滴打车？
Shānběn:	Yīnwèi wǒ de shǒujī tài màn le.
山本：	因为我的手机太慢了。
Shīfu:	Nǐ yào qù nǎlǐ?
师傅：	你要去哪里？
Shānběn:	Qù Pǔdōng jīchǎng.
山本：	去浦东机场。
Shīfu:	Shuàigē, nǐ shì nǎ guó rén?
师傅：	帅哥，你是哪国人？
Shānběn:	Wǒ shì Rìběnrén. Yīnwèi wǒ xǐhuan Zhōngguó de wénhuà,
山本：	我是日本人。因为我喜欢中国的文化，
	suǒyǐ lái Zhōngguó liú xué.
	所以来中国留学。

师傅： Nǐ lái Zhōngguó duō cháng shíjiān le?
师傅：你来中国多长时间了？

山本： Wǒ lái Zhōngguó liǎng nián le.
山本：我来中国两年了。

师傅： Nǐ qùguo shénme dìfang?
师傅：你去过什么地方？

山本： Wǒ qùguo Běijīng、Xi'ān hé Xiānggǎng.
山本：我去过北京、西安和香港。

……

师傅： Wǒmen dào le! Qiánmiàn jiù shì Pǔdōng Jīchǎng.
师傅：我们到了！前面就是浦东机场。

山本： Xièxie shīfu.
山本：谢谢师傅。

生词 Vocabulary

1	过	guò	part.	be used after a verb to indicate a past experience which does not last to present
2	地方	dìfang	n.	place
3	哎	āi	int.	hey
4	为什么	wèi shénme		why
5	因为	yīnwèi	conj.	because
6	手机	shǒujī	n.	mobile
7	慢	màn	adj.	slow
8	文化	wénhuà	n.	culture
9	所以	suǒyǐ	conj.	therefore
10	留学	liú xué		study overseas
11	前面	qiánmiàn	n.	in the front

专有名词 Proper nouns

1	滴滴	Dīdī	an App used for calling taxi
2	浦东	Pǔdōng	A district in Shanghai
3	西安	Xī'ān	the capital of Shaanxi Province
4	香港	Xiānggǎng	Hong Kong

翻译 Translation

Text 1 What places have you been to?

Yamamoto: Shifu! I've been waiting here for an hour!
Taxi driver: Why don't you use Didi?
Yamamoto: My phone is too slow.
Taxi driver: Where do you want to go?
Yamamoto: To Pudong airport.
Taxi driver: Where are you from?
Yamamoto: I am Japanese. Since I like Chinese culture, I come here to study.
Taxi driver: How long have you been here?
Yamamoto: I've been here for two years.
Taxi driver: What places have you been to?
Yamamoto: I've been to Beijing, Xi'an and Hong Kong.

Taxi driver: Here we are! Pudong Airport is just in front of us.
Yamamoto: Thanks.

课文练习 EXERCISES

一、课文填空
Fill in the blanks according to the text.

1. 我_____一个 小时 了！
   （Wǒ _____ yí ge xiǎoshí le!）

2. 你 _____ _____ 不 用 滴滴 打 车？
   （Nǐ _____ _____ bú yòng Dīdī dǎ chē?）

3. _____ 我 喜欢 中国 的 文化，_____ 来 中国 留学。
   （_____ wǒ xǐhuan Zhōngguó de wénhuà, _____ lái Zhōngguó liú xué.）

4. 你_____ 什么 地方？
   （Nǐ _____ shénme dìfang?）

5. _____ 就是 浦东 机场。
   （_____ jiù shì Pǔdōng Jīchǎng.）

二、回答问题
Answer the following questions.

1. 山本 为 什么 不 用 滴滴 打 车？
   （Shānběn wèi shénme bú yòng Dīdī dǎ chē?）

2. 山本 是 哪 国 人？
   （Shānběn shì nǎ guó rén?）

3. 山本 为 什么 来 中国？
   （Shānběn wèi shénme lái Zhōngguó?）

4. 山本 来 中国 多 长 时间 了？
   （Shānběn lái Zhōngguó duō cháng shíjiān le?）

5. 山本 去过 什么 地方？
   （Shānběn qùguo shénme dìfang?）

2 我 穿着 红色的裙子
Wǒ chuānzhe hóngsè de qúnzi

Shānběn zài jīchǎng jiē Àilì de bàba hé māma.
山本 在 机场 接 爱丽 的 爸爸 和 妈妈。

山本（Shānběn）： 喂，阿姨，我是爱丽的同学山本。
Wèi, āyí, wǒ shì Àilì de tóngxué Shānběn.
我在机场等你们。
Wǒ zài jīchǎng děng nǐmen.

爱丽妈妈（Àilì māma）： 山本你好，你在哪儿？
Shānběn nǐ hǎo, nǐ zài nǎr?

山本（Shānběn）： 我在出口，穿着黑色的T恤，戴着蓝色的帽子。
Wǒ zài chūkǒu, chuānzhe hēisè de T-xù, dàizhe lánsè de màozi.

爱丽妈妈（Àilì māma）： 好的。我们马上就来。我穿着红色的裙子，爱丽的爸爸穿着灰色的衣服，戴着眼镜。
Hǎo de. Wǒmen mǎshàng jiù lái. Wǒ chuānzhe hóngsè de qúnzi, Àilì de bàba chuānzhe huīsè de yīfu, dàizhe yǎnjìng.

山本（Shānběn）： 叔叔，阿姨！我在这儿！
Shūshu, āyí! Wǒ zài zhèr!

爱丽妈妈（Àilì māma）： 山本，你好！
Shānběn, nǐ hǎo!

山本（Shānběn）： 阿姨，您的汉语真好！你们以前来过中国吧？
Āyí, nín de Hànyǔ zhēn hǎo! Nǐmen yǐqián láiguo Zhōngguó ba?

爱丽妈妈（Àilì māma）： 当然，我和爱丽的爸爸是在中国认识的。我们以前也是留学生。
Dāngrán, wǒ hé Àilì de bàba shì zài Zhōngguó rènshi de. Wǒmen yǐqián yě shì liúxuéshēng.

Shānběn: 山本：	Wǒ kànguo nǐmen de zhàopiàn, āyí chuānzhe qípáo, 我看过你们的照片，阿姨穿着旗袍， tèbié piàoliang. 特别漂亮。
Àilì māma: 爱丽妈妈：	Nà jiàn qípáo shì zài Běijīng mǎi de. 那件旗袍是在北京买的。
Àilì bàba: 爱丽爸爸：	Bié liáo tiān le, wǒmen zǒu ba, Àilì zài děng wǒmen. 别聊天了，我们走吧，爱丽在等我们。

86

生词 Vocabulary

1	穿	chuān	v.	wear
2	着	zhe	part.	used after a verb to indicate a continuous state
3	接	jiē	v.	meet
4	阿姨	āyí	n.	aunt
5	出口	chūkǒu	n.	exit
6	黑色	hēisè	n.	black
7	T恤	T-xù	n.	T-shirt
8	戴	dài	v.	wear
9	蓝色	lánsè	n.	blue
10	帽子	màozi	n.	hat
11	马上	mǎshàng	adv.	immediately
12	灰色	huīsè	n.	gray
13	衣服	yīfu	n.	clothes
14	眼镜	yǎnjìng	n.	glasses
15	叔叔	shūshu	n.	uncle
16	以前	yǐqián	n.	before
17	照片	zhàopiàn	n.	photo
18	旗袍	qípáo	n.	Chi-Pao
19	件	jiàn	m.	a piece of
20	别	bié	adv.	don't
21	聊天	liáo tiān		chat

翻译 Translation

Text 2 I am wearing a red dress.

Yamamoto is picking up Alexandra's parents in the airport.

Yamamoto:	Hello! Aunty. I am Yamamoto, Alexandra's classmate. I am waiting for you in the airport.
Alexandra's mom:	Hello, Yamamoto! Where are you?
Yamamoto:	I am at the exit. I am wearing a black T-shirt and a blue hat.
Alexandra's mom:	Okay. We are almost there. I am wearing a red dress and Alexandra's dad is wearing grey clothes and glasses.
Yamamoto:	Uncle and aunty, I am here!
Alexandra's mom:	Yamamoto! Hi!
Yamamoto:	Aunty, your Chinese is really good! You have been to China before?
Alexandra's mom:	Of course. It was in China that I met Alexandra's dad. We were also internationl students before.
Yamamoto:	I saw your pictures before. You were wearing Chi-Pao, very beautiful.
Alexandra's mom:	It was in Beijing that I bought that Chi-Pao.
Alexandra's dad:	No more chatting. Let's go. Alexandra is waiting for us.

课文练习 EXERCISES

一 课文填空
Fill in the blanks according to the text.

1. Wǒ _____ jīchǎng _____ nǐmen.
   我 _____ 机场 _____ 你们。

2. Wǒ _____ hēisè de T-xù, _____ lánsè de màozi.
   我 _____ 黑色的 T 恤，_____ 蓝色的 帽子。

3. Nǐmen _____ _____ Zhōngguó ba?
   你们 _____ _____ 中国 吧?

4. Āyí chuānzhe qípáo, _____ piàoliang.
   阿姨 穿着 旗袍，_____ 漂亮。

5. _____ liáo tiān le, wǒmen zǒu ba.
   _____ 聊 天 了，我们 走 吧。

二 根据关键词语复述课文
Retell the text according to the key words.

zài	děng	zhe	guò	bié
在	等	着	过	别

89

语法超市 Grammar Market

1. Aspect partical 过 (guò)
   It is used after a verb to indicate a past experience which does not last to present.

Subject	Verb	过	Object
Nǐ 你	qù 去	guo 过	shénme dìfang? 什么 地方？
	Qù 去	guo 过	Běijīng. 北京。
Tāmen 他们	lái 来	guo 过	Zhōngguó. 中国。
Tāmen 他们	méi chī 没 吃	guo 过	Shànghǎicài. 上海菜。

2. Structure: 因为 (yīnwèi) ……，所以 (suǒyǐ) ……
   They can be used together or separately in one sentence. The sentence after "因为" shows the reason, and the sentence after "所以" shows the result.

因为	Sentence 1（show the reason）	所以	Sentence 2（show the result）
Yīnwèi 因为	wǒ de shǒujī tài màn le, 我的 手机 太 慢 了，	suǒyǐ 所以	wǒ bú yòng Dīdī dǎ chē. 我 不 用 滴滴 打 车。
Yīnwèi 因为	wǒ xǐhuan Zhōngguó, 我 喜欢 中国，	suǒyǐ 所以	lái Zhōngguó liú xué. 来 中国 留 学。

Sometimes, "因为" or "所以" can be omitted in the sentences. For example:

(1) Wǒ méi dài xiànjīn, suǒyǐ yào yòng Zhīfùbǎo.
    我 没 带 现金， 所以 要 用 支付宝。

(2) Yīnwèi wǒ de Hànyǔ bù hǎo, wǒ jiù qù zhǎole yí ge yǔbàn.
    因为 我 的 汉语 不 好， 我 就 去 找了 一 个 语伴。

3. Aspect partical 着 (zhe): Indicate a continuous happening action.

Subject	Verb	着	Object
Shānběn 山本	chuān 穿	zhe 着	hēisè de T-xù. 黑色 的 T 恤。
Shānběn 山本	dài 戴	zhe 着	lánsè de màozi. 蓝色 的 帽子。
Àilì de māma 爱丽 的 妈妈	chuān 穿	zhe 着	hóngsè de qúnzi. 红色 的 裙子。
Àilì de bàba 爱丽 的 爸爸	dài 戴	zhe 着	yǎnjìng. 眼镜。

4. Adverb 别 (bié): used before the verb to indicate "don't".

别 + Verb Phrase: don't do sth.

别 + Verb Phrase + 了: stop doing sth. (a polite way)

Subject	别	Verb phrase	了。	
	Bié 别	liáo tiān 聊 天	le. 了。	
Nǐ 你	bié 别	qù Huáng Shān 去 黄 山	le. 了。	
	Bié 别	kàn shū 看 书	le, 了，	wǒmen zǒu ba. 我们 走 吧。

91

任务环节 ≪ Mission possible!

1. 双人活动：旅行经历
Pair work: Traveling experience.

根据表格说一说爱丽的旅行经历，并和你的同伴交流你们在中国的旅行经历。
Talk about Alexandra's traveling experience according to the table below. Then exchange the traveling experience with your partner.

示例 For example：

A：_{Àilì qùguo shénme dìfang?}
爱丽 去过 什么 地方？

B：_{Àilì qùguo Chéngdū.}
爱丽 去过 成都。

Àilì de lǚxíng jīnglì 爱丽 的 旅行 经历
Chángchéng 长城
lǎnchē 缆车
rìchū 日出

＿＿＿＿ de lǚxíng jīnglì ＿＿＿＿ 的 旅行 经历

2. 班级活动：他/她穿着……
Classroom activity: He/She is wearing…

说一说班上一个同学的穿着，其他同学猜猜他／她是谁。
Describe a classmate's clothing, and other students guess who he or she is.

示例 For example：

A：_{Tā chuānzhe báisè de T-xù, lánsè de kùzi, hēisè de xié. Tā shì shéi?}
他 穿着 白色 的 T恤，蓝色 的 裤子，黑色 的 鞋。他 是 谁？

B：_{Tā shì Shānběn!}
他 是 山本！

A：_{Duì!}
对！

Daily Expressions

1. A: Nà ge dài hēisè màozi de hǎo kù a!
   那个 戴 黑色 帽子 的 好 酷 啊!
   The one who is wearing a black hat is so cool!
   B: Yí? Nà bú shì Dàwèi ma!
   咦？那 不 是 大卫 吗！ That must be David!

2. A: Nà ge chuān qípáo de shì Àilì ma? Zhēn piàoliang!
   那个 穿 旗袍 的 是 爱丽 吗？真 漂亮！
   Is the girl in Chi-Pao Alexandra? So pretty!
   B: Jiù shì tā, tā shì wǒmen de bānhuā!
   就 是 她，她 是 我们 的 班花！
   Yes! She's the most beautiful girl in our class!

3. A: Nǎlǐ yǒu zuò qípáo de diàn?
   哪里 有 做 旗袍 的 店？
   Where can I find a tailor shop making Chi-Pao?
   B: Sūzhōu jiù yǒu.
   苏州 就 有。 Just in Suzhou.

4. A: Nǚshēng chuān qípáo, nà nánshēng ne?
   女生 穿 旗袍，那 男生 呢？
   Girls can wear Chi-Pao, then what about boys?
   B: Nánshēng kěyǐ chuān tángzhuāng.
   男生 可以 穿 唐装。
   Boys can wear Tangzhuang.
   A: Tángzhuāng?
   唐装？ Tangzhuang?
   B: Èn, nǐ kàn, Shānběn chuān de jiù shì.
   嗯，你看，山本 穿 的 就是。
   Yup, you see. The one Yamamoto is wearing.

中国流行语 — Pop Chinese

高富帅（gāofùshuài）

"高富帅" refers to those handsome and tall man who were born in wealthy families or who earn a lot of money by themselves.

How to use?

A: Wǒ tīngshuō Shānběn hěn yǒuqián.
我 听说 山本 很 有钱。
I heard that Yamamoto is very rich.

B: Duì, tā shì gāofùshuài.
对，他 是 高富帅。
Yes. He is tall, rich and handsome.

Having Fun in China 玩在中国

哈尔滨篇 HA'ERBIN

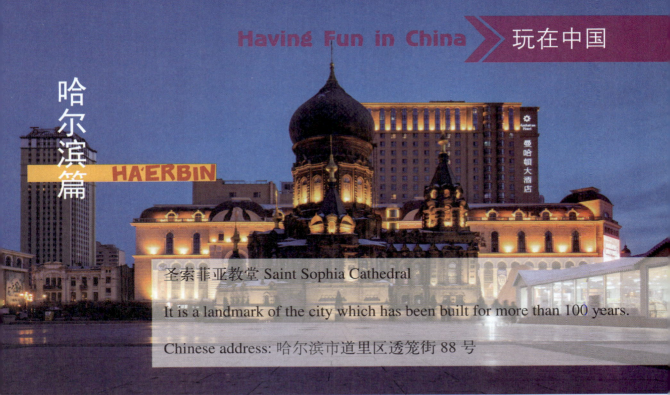

圣索菲亚教堂 Saint Sophia Cathedral

It is a landmark of the city which has been built for more than 100 years.

Chinese address: 哈尔滨市道里区透笼街 88 号

老道外中华巴洛克街区 Laodaowai Chinese Baroque District

Laodaowai, a 50-hectare district in the center of Harbin, Heilongjiang, is the largest and best-preserved complex of unique Baroque Chinese architecture.

Chinese address: 哈尔滨市道外三道街（靖宇街）

7

Wǒ kěyǐ qǐng nǐ hē jiǔ ma
我 可以 请 你 喝 酒 吗

May I buy you a drink?

Topic	Going to a bar.
Functional sentences	1. Nǐ huì shuō Hànyǔ ma? 你 会 说 汉语 吗? 2. Wǒ xuéle yì nián Hànyǔ le. 我 学了 一 年 汉语 了。 3. Wǒ tīngshuō hěn duō wàiguórén dōu bù xǐhuan. 我 听说 很 多 外国人 都 不 喜欢。 4. Nǐ jīntiān zěnme chídào le? 你 今天 怎么 迟到 了? 5. Nǐ ài hē jiǔ ma? 你 爱 喝 酒 吗?

词汇银行
Word Bank

Yìdàlì
意大利
Italy

Xībānyá
西班牙
Spain

Éluósī
俄罗斯
Russia

shūbā
书吧
book bar

lǎoniánrén
老年人
senior people

kāfēiguǎn
咖啡馆
coffee house

cháguǎn
茶馆
teahouse

jiǔbā
酒吧
bar

zhōngniánrén
中年人
mid-aged people

niánqīngrén
年轻人
young people

háizi
孩子
children

连线 **Match**

jiǔbā
酒吧

lǎoniánrén
老年人

Xībānyá
西班牙

Yìdàlì
意大利

niánqīngrén
年轻人

cháguǎn
茶馆

Wǒ kěyǐ qǐng nǐ hē jiǔ ma
我可以请你喝酒吗

Dàwèi:
大卫： Hey, pretty!

Měinǚ: Bù hǎoyìsi, wǒ bú huì shuō Yīngyǔ. Nǐ huì shuō
美女： 不好意思，我不会说英语。你会说
Hànyǔ ma?
汉语吗？

Dàwèi: Èn, wǒ huì. Wǒ jiào Dàwèi, shì Měiguó liúxuéshēng,
大卫： 嗯，我会。我叫大卫，是美国留学生，
xuéle yì nián Hànyǔ le.
学了一年汉语了。

Měinǚ: Wǒ shì Hánguó liúxuéshēng, xuéle bàn nián Hànyǔ.
美女： 我是韩国留学生，学了半年汉语。

Dàwèi: Wǒ kěyǐ qǐng nǐ hē jiǔ ma?
大卫： 我可以请你喝酒吗？

美女: 一杯龙舌兰，谢谢。

大卫: 服务员，来一杯龙舌兰，再来一杯威士忌。

美女: 对了，你喝过中国的白酒吗？

大卫: 没喝过，我听说很多外国人都不喜欢。

美女: 哈哈，我尝过，我觉得很好喝。

服务员: 小姐，这是您的龙舌兰。先生，您的威士忌。

大卫: 我没带现金，可以用支付宝吗？

服务员: 可以，您扫一扫我们的二维码吧。

生词 Vocabulary

1	会	huì	v.	can, be able to
2	学	xué	v.	study
3	酒	jiǔ	n.	alcohol
4	再	zài	adv.	then
5	白酒	báijiǔ	n.	Chinese white liquor
6	尝	cháng	v.	taste
7	好喝	hǎohē	adj.	delicious, good to drink
8	小姐	xiǎojie	n.	young lady
9	现金	xiànjīn	n.	cash
10	扫	sǎo	v.	scan
11	二维码	èrwéimǎ	n.	QR code

专有名词 Proper nouns

1	韩国	Hánguó	Korea
2	龙舌兰	Lóngshélán	Tequila
3	威士忌	Wēishìjì	Whisky
4	支付宝	Zhīfùbǎo	Ali Pay

翻译 Translation

Text 1 May I buy you a drink?

David: Hey, pretty!
Girl: Sorry, but I can't speak English. Can you speak Chinese?
David: Yes, I can. My name is David and I am an American students. I have studied Chinese for a year.
Girl: I am a Korean student. I have studied Chinese for half a year.
David: May I buy you a drink?
Girl: A glass of Tequila. Thanks.
David: Waiter, a glass of Tequila and a glass of Whisky.
Girl: By the way, have you tried the Chinese white liquor?
David: No, I have not. I heard that many foreigners don't like it.
Girl: Aha. I tried. I think it's good.
Waiter: Miss, this is your Tequila. Sir, your Whisky.
David: I don't bring any cash. Can I use Ali Pay?
Waiter: Sure. Please scan our QR code.

课文练习 EXERCISES

一 课文填空
Fill in the blanks according to the text.

1. 你 _____ 说 汉语 吗?
   Nǐ _____ shuō Hànyǔ ma?

2. 我 可以 _____ _____ 喝 酒 吗?
   Wǒ kěyǐ _____ _____ hē jiǔ ma?

3. 服务员，_____ 一 杯 龙舌兰。
   Fúwùyuán, _____ yì bēi Lóngshélán.

4. 我 听说 很 多 外国人 都 不_____。
   Wǒ tīngshuō hěn duō wàiguórén dōu bù_____.

5. 您 ____ ____ ____ 我们 的 二维码 吧。
   Nín ____ ____ ____ wǒmen de èrwéimǎ ba.

二 回答问题
Answer the following questions.

1. 大卫 学了 几 年 汉语 了?
   Dàwèi xuéle jǐ nián Hànyǔ le?

2. 那 位 美女 是 哪 国 人?
   Nà wèi měinǚ shì nǎ guó rén?

3. 美女 喝了 什么?
   Měinǚ hēle shénme?

4. 大卫 喝过 中国 的 白酒 吗?
   Dàwèi hēguo Zhōngguó de báijiǔ ma?

5. 大卫 没 带 现金 怎么办?
   Dàwèi méi dài xiànjīn zěnmebàn?

2 我以为你不喝酒呢
Wǒ yǐwéi nǐ bù hē jiǔ ne

山本 Shānběn: 大卫，你今天怎么迟到了？
Dàwèi, nǐ jīntiān zěnme chídào le?

大卫 Dàwèi: 我昨天去酒吧了，喝了很多酒，醉了。
Wǒ zuótiān qù jiǔbā le, hēle hěn duō jiǔ, zuì le.

山本 Shānběn: 你经常去酒吧吗？
Nǐ jīngcháng qù jiǔbā ma?

大卫 Dàwèi: 是啊，我常常去学校附近的 Muse 酒吧。
Shì a, wǒ chángcháng qù xuéxiào fùjìn de Muse jiǔbā.

山本 Shānběn: 我没去过，我听说那儿有很多外国美女，也有很多中国美女。
Wǒ méi qùguo, wǒ tīngshuō nàr yǒu hěn duō wàiguó měinǚ, yě yǒu hěn duō Zhōngguó měinǚ.

大卫 Dàwèi: 是的！下次我们一起去吧！我请客！你爱喝酒吗？
Shì de! Xià cì wǒmen yìqǐ qù ba! Wǒ qǐng kè! Nǐ ài hē jiǔ ma?

山本 Shānběn: 当然！日本的很多年轻人都爱喝酒。
Dāngrán! Rìběn de hěn duō niánqīngrén dōu ài hē jiǔ.

大卫 Dàwèi: 哈哈，我以为你不喝酒呢！
Hāhā, wǒ yǐwéi nǐ bù hē jiǔ ne!

大卫，你今天怎么迟到了？

我昨天去了酒吧，喝了很多酒，醉了。

生词 Vocabulary

1	以为	yǐwéi	v.	take something for granted
2	迟到	chídào	v.	late
3	醉	zuì	v.	get drunk
4	经常	jīngcháng	adv.	usually
5	常常	chángcháng	adv.	usually
6	学校	xuéxiào	n.	school
7	年轻人	niánqīngrén	n.	young people
8	爱	ài	v.	like, be fond of

翻译 Translation

Text 2 I thought you did not drink!

Yamamoto: David, why are you late today?
David: I went to a bar yesterday. I drank too much alcohol and I was drunk.
Yamamoto: Do you usually go out to bars?
David: Yes. I usually go to the Muse near our school.
Yamamoto: I have not been there. I heard that there are many pretty foreign girls and pretty Chinese girls.
David: Yes! Next time we go together! I will treat you! Do you love drinking?
Yamamoto: Sure! Many Japanese young people all love drinking.
David: Aha, I thought you did not drink!

课文练习 EXERCISES

一 课文填空
Fill in the blanks according to the text.

1. 你 今天 怎么 _____ 了?
   Nǐ jīntiān zěnme _____ le?

2. 我 昨天 _____ 酒吧 了,_____ 很 多 酒。
   Wǒ zuótiān _____ jiǔbā le, _____ hěn duō jiǔ.

3. 我 _____ 去 学校 附近 的 Muse 酒吧。
   Wǒ _____ qù xuéxiào fùjìn de Muse jiǔbā.

4. 很 多 日本 的 年轻人 都 _____ 喝 酒。
   Hěn duō Rìběn de niánqīngrén dōu _____ hē jiǔ.

5. 我 _____ 你 不 喝 酒 呢。
   Wǒ _____ nǐ bù hē jiǔ ne.

二 根据关键词语复述课文
Retell the text according to the key words.

zěnme	hē jiǔ	chángcháng	tīngshuō	qǐng kè	ài
怎么	喝酒	常常	听说	请客	爱

语法超市 Grammar Market

1. Auxiliary verb 会 (huì)
   It is used before the verb indicating skills to say "be able to".

Subject	（不）会	Verb / Verb phrase
Wǒ 我	huì 会	shuō Hànyǔ. 说 汉语。
Wǒ 我	bú huì 不 会	shuō Yīngyǔ. 说 英语。
Nǐ 你	huì 会	shuō Hànyǔ ma? 说 汉语 吗？
Àilì 爱丽	huì 会	yóu yǒng. 游 泳。

Sometimes, it is used as a verb before a noun or a noun phrase to indicate having skills or an ability of doing sth..

Subject	（不）会	Noun / Noun phrase
Wǒ 我	huì 会	Hànyǔ. 汉语。
Wǒ 我	bú huì 不 会	Yīngyǔ. 英语。
Tā 他	huì 会	diànnǎo. 电脑。
Dàwèi 大卫	bú huì 不 会	Zhōngguó gōngfu. 中国 功夫。

2. Pronoun 怎么 (zěnme)

Asking for the reasons (especially for some unusual situation).

Subject	怎么	unusual situation
Nǐ 你	zěnme 怎么	chídào le? 迟到 了?
Nǐ 你	zěnme 怎么	bù gāoxìng a? 不 高兴 啊?
Tā 它	zěnme 怎么	bù chī fàn? 不 吃 饭?
Nǐmen 你们	zěnme 怎么	bù cānjiā huódòng? 不 参加 活动?

3. Verb 爱 (ài)

It indicates loving to do sth..

Subject	Adverb	(不)爱	Verb	Object
Hěn duō Rìběn de niánqīngrén 很 多 日本 的 年轻人	dōu 都	ài 爱	hē 喝	jiǔ. 酒。
Wǒ 我		ài 爱	tī 踢	zúqiú. 足球。
Àilì 爱丽		bú ài 不 爱	kàn 看	diànyǐng. 电影。
Dàwèi 大卫	yě 也	ài 爱	chī 吃	Zhōngguócài. 中国菜。

Sometimes, it can also be used directly before somebody or something.

Subject	（不）爱	Somebody/something
Wǒ 我	ài 爱	māma. 妈妈。
Wǒ 我	ài 爱	Běijīng Tiān'ānmén. 北京 天安门。
Wǒ 我	ài 爱	Zhōngguó. 中国。

4. The differences between "觉得 (juéde)" and "以为 (yǐwéi)"

juéde
觉得：think, feel

yǐwéi
以为：thought, (but actually not)

Wǒ juéde nǐ ài hē jiǔ. 我 觉得 你爱喝 酒。	I think you love drinking.
Wǒ yǐwéi nǐ ài hē jiǔ. 我 以为 你 爱 喝 酒。	I thought you loved drinking. (But actually not.)
Wǒ juéde nǐ shì Fǎguórén. 我 觉得 你 是 法国人。	I think you are a French man.
Wǒ yǐwéi tā shì Fǎguórén, 我 以为 他 是 法国人， dànshì tā shì Yīngguórén. 但是 他 是 英国人。	I thought he was a French man, but he is an English man.

Mission possible 任务环节

1. 双人活动：我会说……
   Pair work: I can speak…

和你的同伴说说你们的语言能力。
Talk about your language ability with your partner.

示例 For example：

A：Nǐ huì shuō Hànyǔ ma?
你 会 说 汉语 吗？
B：Wǒ huì shuō Hànyǔ.
我 会 说 汉语。

Fǎyǔ
法语

Hànyǔ
汉语

Rìyǔ
日语

Yìdàlìyǔ
意大利语

Xībānyáyǔ
西班牙语

Éyǔ
俄语

2. 小组活动：他们的爱好是……
   Group work: Their hobbies are…

   采访你的小组成员，问一问他们国家的人有什么爱好，并记录。
   Interview your group members and ask about the hobbies of people in their countries.

   示例 For example：

             Zài Zhōngguó, lǎoniánrén xǐhuan zuò shénme?
   A：在　中国，　老年人　喜欢　做　什么？

             Lǎoniánrén xǐhuan hē chá.
   B：老年人　喜欢　喝　茶。

Nation:	Hobbies
háizimen 1. 孩子们	
niánqīngrén 2. 年轻人	
zhōngniánrén 3. 中年人	
lǎoniánrén 4. 老年人	

Daily Expressions 日常表达

1. A: Tā tèbié ài hē jiǔ!
   他 特别 爱 喝 酒！ He likes to drink very much.
   B: Tā jiù shì ge jiǔguǐ!
   他 就 是 个 酒鬼！ He is an alcoholic!

2. A: Mǎxiū tiào wǔ hěn lìhai!
   马修 跳 舞 很 厉害！ Matt dances well!
   B: Shì de, tā shì zhèr de wǔwáng!
   是 的, 他 是 这儿 的 舞王！
   Yes! He is the dancing king here.

3. A: Xiǎojie, kěyǐ qǐng nǐ tiào zhī wǔ ma?
   小姐, 可以 请 你 跳 支 舞 吗？
   Miss, can I ask you to dance with me?
   B: Kěyǐ a, wǒ hěn róngxìng.
   可以 啊, 我 很 荣幸。 Sure, it's my pleasure.

4. A: Tā chàng gē zhēn hǎotīng.
   她 唱 歌 真 好听。 She sings well.
   B: Shì de, tā shì màibà.
   是 的, 她 是 麦霸。
   Yes, she occupies the microphone all the time.

中国流行语　Pop Chinese

女神（nǚshén）

It literally means goddess. Here, it refers to the girl who is the boy's greatest love.

How to use?

Nǐ shì wǒ de nǚshén.
你是我的女神。

Having Fun in China 玩在中国

香港篇 HONG KONG

维多利亚港
Victoria Harbor

Victoria harbor is the largest seaport in Asia. It is located between Hong Kong Island and Kowloon Peninsula.

太平山
Victoria Peak

It is one of the classical attractions in Hong Kong. From the Victoria Peak, visitors can enjoy the wonderful and stunning night views of Victoria Harbor.

8

Xiànzài bǐ yǐqián nán
现在 比 以前 难
Now it is more difficult than before.

Topic	Attending examinations.
Functional sentences	1. Zhè cì kǎo shì zěnmeyàng? 这 次 考 试 怎么样？ 2. zhè cì de sùdù bǐ shàng cì kuài! 这 次 的 速度 比 上 次 快！ 3. Wǒmen jièshào yíxià HSK. 我们 介绍 一下 HSK。 4. Měi cì kǎo shì guì bu guì? 每 次 考 试 贵 不 贵？ 5. Yǐqián hěn jiǎndān, xiànzài bǐ yǐqián nán. 以前 很 简单，现在 比 以前 难。

第三考场
9:00-10:00

科目：汉语听力

词汇银行 Word Bank

| gāo 高 tall | ǎi 矮 short | pàng 胖 fat | shòu 瘦 thin |

 Hànzì 汉字 Chinese characters — qiánnián 前年 THE YEAR BEFORE LAST YEAR

 yuèdú 阅读 reading — qùnián 去年 LAST YEAR

 kǒuyǔ 口语 oral — jīnnián 今年 THIS YEAR

 tīnglì 听力 listening — míngnián 明年 NEXT YEAR

 kǎoshì 考试 exam — hòunián 后年 THE YEAR AFTER NEXT YEAR

连线 **Match**

kǒuyǔ
口语

Hànzì
汉字

Next year

kǎo shì
考 试

yuèdú
阅 读

The year after next year

tīnglì
听力

jīnnián
今 年

This year

hòunián
后 年

míngnián
明 年

qiánnián
前 年

The year before last year

1 这次考试怎么样
Zhè cì kǎo shì zěnmeyàng

大卫 Dàwèi: 爱丽！山本！等等我。
Àilì! Shānběn! Děngdeng wǒ.

爱丽 Àilì: 这次考试怎么样？
Zhè cì kǎo shì zěnmeyàng?

大卫 Dàwèi: 唉，别提了，太难了！
Ài, bié tí le, tài nán le!

爱丽 Àilì: 对，对，对！听力部分，这次的速度比上次快！
Duì, duì, duì! Tīnglì bùfen, zhè cì de sùdù bǐ shàng cì kuài!

大卫 Dàwèi: 写的汉字也比上次多！山本，你觉得难不难？
Xiě de Hànzì yě bǐ shàng cì duō! Shānběn, nǐ juéde nán bu nán?

山本 Shānběn: 我觉得不难。对了，我想参加HSK。
Wǒ juéde bù nán. Duì le, wǒ xiǎng cānjiā HSK.

爱丽 Àilì: 我也想。你知道怎么参加吗？
Wǒ yě xiǎng. Nǐ zhīdào zěnme cānjiā ma?

山本 Shānběn: 不知道，我们去问问李老师吧。
Bù zhīdào, wǒmen qù wènwen Lǐ lǎoshī ba.

生词 Vocabulary

1	考试	kǎo shì		exam
2	唉	ài	int.	oh
3	别提了	bié tí le		Don't mention it.
4	提	tí	v.	mention
5	难	nán	adj.	difficult
6	对	duì	adj.	yes, right
7	听力	tīnglì	n.	listening
8	部分	bùfen	n.	section
9	速度	sùdù	n.	speed
10	比	bǐ	prep.	used to make a comparison
11	上	shàng	n.	last
12	快	kuài	adj.	fast
13	写	xiě	v.	write
14	汉字	Hànzì	n.	Chinese characters
15	问	wèn	v.	ask

翻译 Translation

Text 1 How was your exam?

David:	Alexandra! Yamamoto! Wait for me!
Alexandra:	How was your exam?
David:	(Sigh) Don't mention it. Too difficult!
Alexandra:	Yes, it is! The speed of listening was faster than last time.
David:	The Chinese characters we need to write were more than last time. How did you feel, Yamamoto?
Yamamoto:	I felt that it was not difficult. By the way, I am thinking about attending HSK.
Alexandra:	Me too. Do you know how to attend?
Yamamoto:	I don't know. Let's go and ask Mr. Li.

课文练习 EXERCISES

一 课文填空
Fill in the blanks according to the text.

1. 这 次 考 试 _____?
   Zhè cì kǎo shì

2. _____ 提 了, _____ 难 _____!
   tí le,   nán

3. 写 的 汉字 也 _____ 上 次 _____!
   Xiě de Hànzì yě   shàng cì

4. 你 觉得 _____ _____ _____?
   Nǐ juéde

5. 你 知道 _____ 参加 吗?
   Nǐ zhīdào   cānjiā ma?

二 判断正误
True or false.

1. 听力 部分, 这 次 的 速度 比 上 次 快。 ☐
   Tīnglì bùfen, zhè cì de sùdù bǐ shàng cì kuài.

2. 写 的 汉字 比 上 次 少。 ☐
   Xiě de Hànzì bǐ shàng cì shǎo.

3. 山本 也 觉得 很 难。 ☐
   Shānběn yě juéde hěn nán.

4. 爱丽 也 想 参加 HSK。 ☐
   Àilì yě xiǎng cānjiā HSK.

5. 山本 知道 怎么 参加。 ☐
   Shānběn zhīdào zěnme cānjiā.

2 现在 比 以前 难
<small>Xiànzài bǐ yǐqián nán</small>

李老师： 今天，我们 介绍 一下 HSK，大家 有 什么 问题？

大卫： 什么 是 HSK？

李老师： 就是 汉语 水平 考试。

爱丽： 什么 时候 有 考试？

李老师： 每 个 月 都 有。

山本： 什么 时候 报 名？

李老师： 这 个 月 报 名，下 个 月 考 试。

山本： 每 次 考 试 多 长 时间？

李老师： 一级 四十 分钟，二级 的 时间 比 一级 长 十五 分钟。

爱丽： 每 次 考 试 贵 不 贵？

李老师： 去年 一百 块，今年 比 去年 贵 五十 块。

大卫: 考试难不难?

李老师: 以前很简单,现在比以前难。你们参加吗?

山本
爱丽 : 当然参加!

李老师: 大卫呢?

大卫: 唉,你们都是学霸。我得想一下。

生词 Vocabulary

1	介绍	jièshào	v.	introduce
2	一下	yíxià	num.-m.	used after a verb to indicate an action or an attempt
3	大家	dàjiā	pron.	everybody
4	问题	wèntí	n.	question
5	报名	bào míng		register
6	级	jí	n.	level
7	去年	qùnián	n.	last year
8	简单	jiǎndān	adj.	easy
9	学霸	xuébà	n.	super scholar
10	得	děi	part.	have to

专有名词 Proper noun

汉语水平考试　　Hànyǔ Shuǐpíng Kǎoshì　　HSK, Chinese Proficiency Test

翻译 Translation

Text 2 Now it is more difficult than before.

Teacher Li:	Today, I'll introduce a little bit about HSK. Do you have any questions?
David:	What is HSK?
Teacher Li:	It's Chinese Proficiency Test .
Alexandra:	When is the exam date?
Teacher Li:	There are exams every month.
Yamamoto:	When is the registration date?
Teacher Li:	You can register this month, and take the exam next month.
Yamamoto:	How long is the exam?
Teacher Li:	Level one will last for 40 minutes. The time of level two will be 15 minutes longer than level one.
Alexandra:	How much is the exam?
Teacher Li:	Last year it was 100 RMB, but this year it costs 50 RMB more than last year .
David:	Is the exam difficult?
Teacher Li:	It was easy in the past. Now it is more difficult than before. Do you attend?
Alexandra Yamamoto:	Of course we will!
Teacher Li:	How about David?
David:	(Sigh) You are all super scholars. I have to think about it.

课文练习 EXERCISES

一 课文填空
Fill in the blanks according to the text.

1. 我们 介绍 _____ HSK。
   Wǒmen jièshào   HSK.

2. _____ 个 月 都 有。
   ge yuè dōu yǒu.

3. 每 次 考 试 多 长 _____？
   Měi cì kǎo shì duō cháng

4. 今年 比 去年 _____ 五十 块。
   Jīnnián bǐ qùnián   wǔshí kuài.

5. 现在 _____ 以前 _____。
   Xiànzài   yǐqián

二 根据关键词语复述课文
Retell the text according to the key words.

yíxià	shénme	shíhou	měi	bǐ	guì	nán
一下	什么	时候	每	比	贵	难

Grammar Market 语法超市

1. The 比（bǐ）-sentence
   It indicates the comparison sentence in Chinese.

A	比	B	Adjective
Zhè cì de sùdù 这 次 的 速度	bǐ 比	shàng cì 上 次	kuài. 快。
Xiànzài 现在	bǐ 比	yǐqián 以前	nán. 难。
Wǒ gēge 我 哥哥	bǐ 比	wǒ 我	gāo. 高。
Tā jiějie 她 姐姐	bǐ 比	tā 她	pàng. 胖。
Jīntiān 今天	bǐ 比	zuótiān 昨天	lěng. 冷。

A	比	B	Adjective	num.-m.
Èr jí de shíjiān 二 级 的 时间	bǐ 比	yī jí 一 级	cháng 长	shíwǔ fēnzhōng. 十五 分钟。
Jīnnián 今年	bǐ 比	qùnián 去年	guì 贵	wǔshí kuài. 五十 块。
Àilì 爱丽	bǐ 比	Dàwèi 大卫	dà 大	yí suì 一 岁。

2. Structure: Adj.+ 不 +Adj.
   Indicate yes-no questions.

	Adjective	不	Adjective
Zhè cì kǎo shì 这 次 考 试	nán 难	bu 不	nán? 难?
Měi cì kǎo shì 每 次 考 试	guì 贵	bu 不	guì? 贵?
Běijīng de dōngtiān 北京 的 冬天	lěng 冷	bu 不	lěng? 冷?
Huáng Shān 黄 山	měi 美	bu 不	měi? 美?
Lóngshélán 龙舌兰	hǎohē 好喝	bu 不	hǎohē? 好喝?

3. Structure: V + 一下（yíxià）
   Indicate an action or an attempt.

Subject	Verb	一下	Object
Wǒmen 我们	jièshào 介绍	yíxià 一下	HSK. HSK。
Wǒ 我	xiǎng 想	yíxià. 一下。	
Wǒ 我	kàn 看	yíxià 一下	shǒujī. 手机。
Dàjiā 大家	xiūxi 休息	yíxià. 一下。	

4. Particle 得 (děi)
   Indicate "have to do sth.".

Subject	得	Verb/Verb phrase	Object
Wǒmen 我	děi 得	xiǎng yíxià. 想 一下。	
Nǐ 你	děi 得	qù 去	xuéxiào. 学校。
Àilì 爱丽	děi 得	xué 学	Hànyǔ. 汉语。

Mission possible! 任务环节

1. 双人活动：比一比
  Pair work: Making comparisons.

根据下面两个人的情况，用比较句说一说他们之间的差别。
Make comparisons between two people according to information below.

示例 For example：

Dàwèi bǐ Àilì xiǎo yí suì.
大卫 比 爱丽 小 一 岁。

David	Alexandra
Age: 22	Age: 23
Height: 185 cm	Height: 168 cm
Weight: 80 kg	Weight: 46 kg
Chinese level: Intermediate	Chinese level: Advanced

2. 小组活动：看菜单，说比较句
  Group work: Trying to create 比 (bǐ)-sentences according to the menu.

示例 For example：

Fānqié chǎodàn bǐ tǔdòusī guì (sì kuài qián).
番茄 炒蛋 比 土豆丝 贵（四 块 钱）。

日常表达　Daily Expressions

1. A: Wèi shénme wǒ dōu bú huì?
   为 什么 我 都 不 会？ Why I can't do anything?
   B: Guài wǒ lo!
   怪 我 咯！ You blame me? (You shouldn't blame me!)

2. A: Zhè cì kǎo shì nǐ kǎo de zěnmeyàng?
   这 次 考 试 你 考 得 怎么样？
   How was your exam?
   B: Bié tí le, tèbié chà!
   别 提 了，特别 差！ Don't mention it! I did too bad.

3. A: Lǎoshī, wǒ tōngguòle HSK èr.
   老师， 我 通过了 HSK 2。 Teacher, I passed HSK 2.
   B: Gōngxǐ nǐ!
   恭喜 你！ Congratulations!

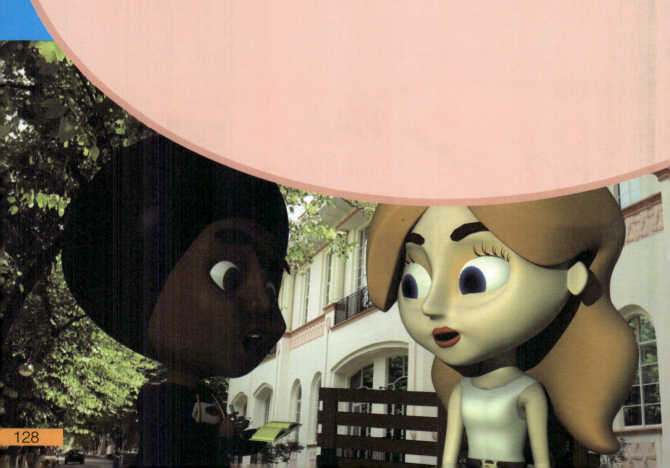

Pop Chinese 中国流行语

学渣（xuézhā）

It represents those students who are bad at learning.

How to use?

A: Dàwèi, nǐ yòu kǎole dào shǔ dì yī.
  大卫，你又考了倒数第一。
  David, you have got the last place in the exam again.

B: Ài, Wǒ jiù shì ge xuézhā!
  唉，我就是个学渣！
  Oh! I am just a poor student.

玩在中国 ◀ Having Fun in China

桂林篇 GUILIN

会仙湿地 Huixian Wetland

As one of the most famous wetlands in China, it is called the "kidney of Guilin".

Chinese address: 桂林市临桂县会仙镇

大圩古镇 Dayu Ancient Town

In Dayu Ancient Town, local snacks (about 10 RMB) and handicrafts can be found everywhere.

Chinese address: 桂林市灵川县漓江景区内

9

Nǐmen yìbiān hē chá yìbiān liáo tiān ba
你们一边喝茶一边聊天吧
Please have some tea while chatting.

Topic	Being guests.
Functional sentences	1. Wǒmen dàile yì píng Fǎguó hóngjiǔ. 我们 带了 一 瓶 法国 红酒。 2. Cháyè zài bīngxiāng li. 茶叶 在 冰箱 里。 3. Bēizi zài zhuōzi shang. 杯子 在 桌子 上。 4. Wǒmen yìbiān chī fàn yìbiān kàn diànshì ba! 我们 一边 吃 饭 一边 看 电视 吧! 5. Wǒmen hē yìxiē hóngjiǔ ba. 我们 喝 一些 红酒 吧。

词汇银行
Word Bank

gōngbǎo jīdīng
宫保 鸡丁
Kung Pao diced chicken

tángcù páigǔ
糖醋 排骨
sweet and sour spareribs

mápó dòufu
麻婆 豆腐
Mapo Tofu

jīròu
鸡肉
chicken

zhūròu
猪肉
pork

yángròu
羊肉
lamb

niúròu
牛肉
beef

pánzi
盘子
plate

dāo
刀
knife

tāngchí
汤匙
spoon

chā
叉
fork

jiǔbēi
酒杯
glass

wǎn
碗
bowl

cháhú
茶壶
teapot

kuàizi
筷子
chopsticks

diézi
碟子
dishes

cānjīn
餐巾
napkin

chábēi
茶杯
cup

连线 Match

jiǔbēi
酒杯

cháhú
茶壶

kuàizi
筷子

chā
叉

dāo
刀

wǎn
碗

mápó dòufu
麻婆豆腐

jīròu
鸡肉

tángcù páigǔ
糖醋排骨

niúròu
牛肉

Nǐmen yìbiān hē chá yìbiān liáo tiān ba
你们一边喝茶 一边聊天吧

Lǐ lǎoshī: 李老师：	Qǐng jìn. Wǒ lái jièshào yíxià, zhè shì wǒ de fūren 请进。我来介绍一下，这是我的夫人 Jiāng Xiǎobái. Xiǎobái, tāmen shì wǒ de xuésheng. 江 小白。小白，他们是我的学生。
Lǐ tàitai: 李太太：	Hěn gāoxìng rènshi nǐmen. 很高兴认识你们。
Dàwèi: 大卫：	Wā, Lǐ lǎoshī, nín de fūren zhēn piàoliang! 哇，李老师，您的夫人真漂亮！
Àilì: 爱丽：	Wǒmen dàile yì píng Fǎguó hóngjiǔ, sònggěi nín. 我们带了一瓶法国红酒，送给您。
Lǐ lǎoshī: 李老师：	Nǐmen tài kèqi le! 你们太客气了！
Shānběn: 山本：	Nǎlǐ nǎlǐ! 哪里哪里！
Lǐ tàitai: 李太太：	Nǐmen yìbiān hē chá yìbiān liáo tiān ba. Wǒ qù zuò fàn. 你们一边喝茶一边聊天吧。我去做饭。

Lǐ lǎoshī: Cháyè zài nǎr?
李老师：茶叶在哪儿？

Lǐ tàitai: Cháyè zài bīngxiāng li, bēizi zài zhuōzi shang.
李太太：茶叶在冰箱里，杯子在桌子上。

Lǐ lǎoshī: Nǐmen ài hē shénme chá?
李老师：你们爱喝什么茶？

Dàwèi: Suíbiàn.
大卫：随便。

生词 Vocabulary

1	一边	yìbiān	adv.	at the same time
2	茶	chá	n.	tea
3	进	jìn	v.	enter
4	夫人	fūren	n.	wife
5	瓶	píng	n./m.	bottle; a bottle of
6	红酒	hóngjiǔ	n.	red wine
7	送	sòng	v.	give
8	客气	kèqi	adj.	polite, courteous
9	哪里	nǎlǐ	pron.	It's nothing.
10	做饭	zuò fàn		cook
11	饭	fàn	n.	meal
12	茶叶	cháyè	n.	tea leaves
13	冰箱	bīngxiāng	n.	fridge
14	杯子	bēizi	n.	cup
15	桌子	zhuōzi	n.	table
16	上	shàng	n.	upper, up, upward
17	随便	suíbiàn	adj.	do at one's will

专有名词 **Proper noun**

江小白 　　　Jiāng Xiǎobái　　name of a lady

翻译 Translation

Text 1　Please have some tea while chatting.

Teacher Li:	Please come in. Let me introduce. This is my wife Jiang Xiaobai. Xiaobai, they are my students.
Mrs Li:	Nice to meet you.
David:	Wow, Mr. Li, your wife is really pretty!
Alexandra:	We brought a bottle of French red wine to give you as a gift.
Teacher Li:	You don't need to be that courteous.
Yamamoto:	It's our pleasure.
Mrs Li:	Please have some tea while chatting. I am going to cook.
Teacher Li:	Where are the tea leaves?
Mrs Li:	Tea leaves are in the fridge and cups are on the table.
Teacher Li:	What kind of tea do you prefer?
David:	Up to you.

课文练习 EXERCISES

一 课文填空
Fill in the blanks according to the text.

1. Wǒ lái _____ _____, zhè shì wǒ de fūren.
   我 来 _____ _____，这 是 我 的 夫人。

2. Nín de fūren _____ piàoliang!
   您 的 夫人 _____ 漂亮！

3. Wǒmen _____ yì píng Fǎguó hóngjiǔ.
   我们 _____ 一 瓶 法国 红酒。

4. Nǐmen _____ hē chá _____ liáo tiān ba.
   你们 _____ 喝 茶 _____ 聊 天 吧。

5. Cháyè _____ bīngxiāng _____, bēizi _____ zhuōzi _____.
   茶叶 _____ 冰箱 _____，杯子 _____ 桌子 _____。

二 回答问题
Answer the following questions.

1. Lǐ lǎoshī de fūren jiào shénme?
   李 老师 的 夫人 叫 什么？

2. Àilì dàile shénme sònggěi Lǐ lǎoshī?
   爱丽 带了 什么 送给 李 老师？

3. Lǐ lǎoshī jiā shéi zuò fàn?
   李 老师 家 谁 做 饭？

4. Cháyè zài nǎr?
   茶叶 在 哪儿？

5. Bēizi zài nǎr?
   杯子 在 哪儿？

2 碗和筷子都在柜子里

李太太： 来来来，我们一边吃饭一边看电视吧！

山本： 哇！真香啊！

李老师： 这些都是我夫人的拿手菜！小白，碗筷在哪儿？

李太太： 碗和筷子都在柜子里。

大卫： 这个糖醋排骨太好吃了。

山本： 麻婆豆腐也不错！

爱丽： 这些菜都很赞！

李老师： 我们喝一些红酒吧。

Dàjiā　　　　　Gān bēi!
大家：　　干杯！
……

Shānběn:　　Jīntiān de cài zhēn hǎochī! Xièxie nín!
山本：　　今天的菜真好吃！谢谢您！

Lǐ tàitai:　　Huānyíng nǐmen zài lái wǒmen jiā!
李太太：　　欢迎你们再来我们家！

生词 Vocabulary

1	碗	wǎn	n.	bowl
2	筷子	kuàizi	n.	chopsticks
3	柜子	guìzi	n.	cabinet
4	电视	diànshì	n.	TV
5	香	xiāng	adj.	appetizing
6	这些	zhèxiē	pron.	these ones, these
7	些	xiē	m.	some, a few, a little
8	拿手菜	náshǒucài	n.	specialty
9	碗筷	wǎnkuài	n.	bowls & chopsticks
10	糖醋排骨	tángcù páigǔ		sweet and sour spareribs
11	好吃	hǎochī	adj.	delicious
12	麻婆豆腐	mápó dòufu		Mapo Tofu
13	不错	búcuò	adj.	not bad, good
14	赞	zàn	adj.	awesome
15	一些	yìxiē	num.-m.	some
16	干杯	gān bēi		cheers
17	欢迎	huānyíng	v.	welcome

翻译 Translation

Text 2 Bowls and chopsticks are all in the cabinet.

Mrs Li:	Okay! Let's eat while watching TV!
Yamamoto:	Wow, it seems really appetizing!
Teacher Li:	These are all specialties of my wife. Xiaobai, where are the bowls and chopsticks?
Mrs Li:	Bowls and chopsticks are all in the cabinet.
David:	The sweet and sour spareribs are so delicious!
Yamamoto:	Mapo Tofu are good as well!
Alexandra:	I like all these dishes.
Teacher Li:	Let's drink some red wine.
Everybody:	Cheers!
Yamamoto:	Today's food are really delicious! Thank you!
Mrs Li:	You are welcome to visit next time!

课文练习 EXERCISES

一、课文填空
Fill in the blanks according to the text.

1. Wǒmen _____ chī fàn _____ kàn diànshì ba!
   我们 _____ 吃 饭 _____ 看 电视 吧!

2. Zhèxiē dōu shì wǒ fūren de _____!
   这些 都 是 我 夫人 的 _____!

3. Wǎn hé kuàizi dōu _____ guìzi _____。
   碗 和 筷子 都 _____ 柜子 _____。

4. Wǒmen hē _____ hóngjiǔ ba。
   我们 喝 _____ 红酒 吧。

5. Huānyíng nǐmen _____ _____ wǒmen jiā!
   欢迎 你们 _____ _____ 我们 家!

二、根据关键词语复述课文
Retell the text according to the key words.

yìbiān	yìbiān	zhēn	zài	shang / li	zàn	zài
一边……	一边	真	在……	上／里	赞	再

141

语法超市 Grammar Market

1. Structure: 一边 (yìbiān)……一边 (yìbiān)……
   Indicating two actions happen at the same time.

Subject		一边	Verb phrase 1	一边	Verb phrase 2
Wǒmen 我们		yìbiān 一边	hē chá 喝茶	yìbiān 一边	liáo tiān. 聊天。
Tā 她		yìbiān 一边	chàng gē 唱歌	yìbiān 一边	tiào wǔ. 跳舞。
Tā 他	xǐhuan 喜欢	yìbiān 一边	chī fàn 吃饭	yìbiān 一边	kàn diànshì. 看电视。
Wǒ 我	bù xǐhuan 不喜欢	yìbiān 一边	zǒu 走	yìbiān 一边	kàn shǒujī. 看手机。

2. Structure: 在……里（边）[zài……lǐ（bian）]: be in …
   在……上（边）[zài……shàng（bian）]: be on …

Attention! Nouns of locality should be put after the location.

Subject	Adverb	Preposition	Object	Direction
Wǒmen 我们		zài 在	Lǐ lǎoshī jiā 李老师家	li. 里。
Cháyè 茶叶		zài 在	bīngxiāng 冰箱	li. 里。
Bēizi 杯子		zài 在	zhuōzi 桌子	shang. 上。
Wǎn hé kuàizi 碗和筷子	dōu 都	zài 在	guìzi 柜子	li. 里。

3. Measure word 些 (xiē) (ones)

yìxiē 一些	some	nǎxiē 哪些	which ones
zhèxiē 这些	these ones	nàxiē 那些	those ones

For example:

(1) Zhèxiē dōu shì wǒ fūren de náshǒucài.
　　这些　都　是　我　夫人的　拿手菜。

(2) Wǒ mǎile yìxiē cháyè.
　　我　买了　一些　茶叶。

Mission possible! 任务环节

1. 双人活动：在……里/上
   Pair work: There is…in/on…

说一说下列图中物品的位置，并将句子写下来。
Talking about the positions of different things in the following pictures with your partner and then try to write down your sentences.

Wǎn zài guìzi li.
1. 碗在柜子里。
2.
3.
4.

Xīguā zài bīngxiāng li.
1. 西瓜在冰箱里。
2.
3.
4.

Shǒujī zài zhuōzi shang.
1. 手机在桌子上。
2.
3.
4.

2. 小组活动：我们的餐桌
Group work: Our dining table

设计一张餐桌并放上不同的菜和餐具，说一说菜名以及物品的位置。
Design a dining table with different dishes and tablewares. Then talk about the names of dishes and the positions of different things.

3. 班级活动：我们爱吃……
Classroom activity: We love...

采访班级同学并记录下他们爱吃的菜。
Interview the classmates and ask them about the dishes they like.

示例 For example:

A：Nǐ ài chī shénme?
　　你 爱 吃 什么?
B：Wǒ ài chī mápó dòufu.
　　我 爱 吃 麻婆 豆腐。

\	Wǒmen ài chī……我们 爱 吃……		
Name	Dish	Name	Dish

Daily Expressions   日常表达

1. A: Gān bēi!
      干 杯! Cheers!
   B: Gān bēi!
      干 杯! Cheers!

2. A: Wǒmen qù chī huǒguō ba.
      我们 去 吃 火锅 吧。Let't go and eat hot pot.
   B: Hǎo zhúyi!
      好 主意! Good idea!

3. A: Wǒmen qù chàng KTV ba.
      我们 去 唱 KTV 吧。Let's go to KTV.
   B: Hǎo a, wǒ tīngshuō tā shì màibà.
      好 啊,我 听说 他是 麦霸。
      Good! I heard that he is a microphone hog.

4. A: Wǒ yào yí ge bāoxiāng.
      我 要 一个 包厢。I want a box(of KTV).
   B: Nǐmen jǐ ge rén?
      你们 几个 人? How many people?
   A: Wǒmen wǔ ge rén.
      我们 五个 人。We are five.
   B: Nà gěi nǐmen yí ge zhōngbāo ba.
      那 给 你们 一个 中包 吧。
      Then you need a medium-sized box.

145

中国流行语 Pop Chinese

我带着你，你带着钱 (Wǒ dàizhe nǐ, nǐ dàizhe qián)

It is an internet buzz which means if you can bring money, I will take you to anywhere you want.

How to use?

A: Wǒmen qù lǚxíng ba!
我们 去 旅行 吧！

B: Hǎo a! Wǒ dàizhe nǐ, nǐ dàizhe qián!
好啊！我 带着 你，你 带着 钱！

Having Fun in China 玩在中国

南京篇 NANJING

夫子庙 Confucius Temple

Built in the year 1034, the temple is a place to worship and consecrate Confucius who was a great philosopher and educator of ancient China.

Chinese address: 南京市秦淮区贡院街 152 号

1912 街区 1912 Night Life District

It is a district combines ancient architectures and fashionable night clubs. It attracts a large numbure of young people.

Chinese address: 南京市玄武区长江后街 8 号

147

10

Tāmen duì wǒ hěn mǎnyì
他们 对 我 很 满意
They are satisfied with me.

Topic	Interview.
Functional sentences	1. Wǒ huì shuō yìdiǎnr Hànyǔ. 我 会 说 一点儿 汉语。 2. Wǒ yǐqián zài yì jiā Měiguó gōngsī shíxí guo. 我 以前 在 一家 美国 公司 实习 过。 3. Nǐ yǒu xìngqù ma? 你 有 兴趣 吗? 4. Nǐ xiǎng zhǎo shénme gōngzuò? 你 想 找 什么 工作? 5. Tāmen duì nǐ mǎnyì ma? 他们 对 你 满意 吗?

词汇银行
Word Bank

guójì màoyì
国际贸易
international business

jīngjì
经济
economics

guǎnlǐ
管理
management

shìchǎng yíngxiāo
市场营销
marketing and sales

gōngchéngshī
工程师
engineer

shāngrén
商人
businessman

jǐngchá
警察
police

yīshēng
医生
doctor

jìzhě
记者
journalist

lǜshī
律师
lawyer

xiāoshòuyuán
销售员
salesperson

yǎnyuán
演员
actor

jiàoshī
教师
teacher

连线 Match

guójì màoyì
国际 贸易

shìchǎng yíngxiāo
市场 营销

jīngjì
经济

guǎnlǐ
管理

management

international business

economics

marketing and sales

jìzhě
记者

jǐngchá
警察

lǜshī
律师

gōngchéngshī
工程师

yǎnyuán
演员

xiāoshòuyuán
销售员

yīshēng
医生

你是学什么专业的

面试官: 你是大卫吧,请坐。

大卫: YES, Hello!

面试官: 你会说汉语吗?

大卫: 我会说一点儿汉语和西班牙语,还会说英语。

面试官: 你是学什么专业的?

大卫: 我是学国际贸易的。

	Miànshìguān:	Nǐ yǒu gōngzuò jīngyàn ma?
	面试官：	你有工作经验吗？
	Dàwèi:	Yǒu yìdiǎnr, wǒ yǐqián zài yì jiā Měiguó gōngsī
	大卫：	有一点儿，我以前在一家美国公司
		shíxí guo.
		实习过。
	Miànshìguān:	Wǒmen xiǎng yào yì míng shìchǎng shíxíshēng, nǐ yǒu
	面试官：	我们想要一名市场实习生，你有
		xìngqù ma?
		兴趣吗？
	Dàwèi:	Yǒu, wǒ xiǎng shìshi.
	大卫：	有，我想试试。
	Miànshìguān:	Hǎo de, děng wǒmen de tōngzhī ba.
	面试官：	好的，等我们的通知吧。

生词 Vocabulary

1	专业	zhuānyè	n.	major
2	面试官	miànshìguān	n.	interviewer
3	面试	miànshì	v./n.	to be interview; interview
4	官	guān	n.	official
5	说	shuō	v.	speak
6	一点儿	yìdiǎnr	num.-m.	a little
7	国际	guójì	n.	international
8	贸易	màoyì	n.	trade
9	工作	gōngzuò	n.	job
10	经验	jīngyàn	n.	experience
11	公司	gōngsī	n.	company
12	实习	shíxí	v.	internship
13	名	míng	m.	measure word for people or position in a name list
14	市场	shìchǎng	n.	market (also in abstract)
15	实习生	shíxíshēng	n.	intern
16	通知	tōngzhī	v./n.	inform; information

专有名词　Proper noun

西班牙语　　Xībānyáyǔ　　Spanish

翻译 Translation

Text 1　What's your major?

Interviewer:	You must be David. Please sit down.
David:	Yes. Hello!
Interviewer:	Can you speak Chinese?
David:	I can speak a little bit Chinese and Spanish, and also English.
Interviewer:	What's your major?
David:	I am studying at international business.
Interviewer:	Do you have working experiences?
David:	I have a little bit. I used to be an intern of an American company before.
Interviewer:	We want a marketing intern. Do you have any interest?
David:	I do. I want to give it a try.
Interviewer:	Okay, we'll be in touch.

课文练习 EXERCISES

一 课文填空
Fill in the blanks according to the text.

1. 我 会 说 _____ 汉语 和 西班牙语。
   Wǒ huì shuō _____ Hànyǔ hé Xībānyáyǔ.

2. 你 _____ 学 什么 专业 _____?
   Nǐ _____ xué shénme zhuānyè _____?

3. 我 以前 _____ 一 家 美国 公司 _____ _____。
   Wǒ yǐqián _____ yì jiā Měiguó gōngsī _____ _____.

4. 我们 想 要 一 名 市场 _____。
   Wǒmen xiǎng yào yì míng shìchǎng _____.

5. 你 有 _____ _____ 吗?
   Nǐ yǒu _____ _____ ma?

二 判断正误
True or false.

1. 大卫 会 说 一点儿 汉语。 ☐
   Dàwèi huì shuō yìdiǎnr Hànyǔ.

2. 大卫 是 学 经济 的。 ☐
   Dàwèi shì xué jīngjì de.

3. 大卫 没有 工作 经验。 ☐
   Dàwèi méiyǒu gōngzuò jīngyàn.

4. 面试官 想 要 市场 实习生。 ☐
   Miànshìguān xiǎng yào shìchǎng shíxíshēng.

5. 大卫 对 这 个 工作 有 兴趣。 ☐
   Dàwèi duì zhè ge gōngzuò yǒu xìngqù.

他们对你满意吗

爱丽：大卫，好久不见。你最近怎么样？

大卫：我最近忙死了。

爱丽：你在忙什么？

大卫：忙着找工作。

爱丽：你想找什么工作？

大卫：我想做市场实习生，因为我的专业是国际贸易。

爱丽：找到了吗？

大卫：我刚刚去了一家公司面试。

爱丽：他们对你满意吗？

大卫：很满意，我对这份工作也很感兴趣。

爱丽：牛！什么时候开始工作？

大卫：下个月开始。

生词 Vocabulary

1	对	duì	prep.	to, for
2	满意	mǎnyì	adj.	satisfied
3	好久不见	hǎojiǔ bújiàn		Long time no see.
4	最近	zuìjìn	n.	recent
5	忙	máng	adj.	busy
6	死	sǐ	adj./v.	extremely; dead
7	到	dào	v.	used as the complement to indicate the accomplishment of an action
8	刚（刚）	gāng(gāng)	adv.	just now
9	份	fèn	m.	a piece of (job, dish...)
10	感兴趣	gǎn xìngqù		be interested in
11	牛	niú	adj./n.	awesome; ox
12	开始	kāishǐ	v.	begin

翻译 Translation

Text 2 Are they satisfied with you?

Alexandra: David, long time no see. How are you these days?
David: I am busy to death recently.
Alexandra: What are you busy doing?
David: I am busy looking for a job.
Alexandra: What job do you want to find?
David: Since my major is international business, I am thinking of being a marketing intern.
Alexandra: Have you found yet?
David: I just went to a company for an interview.
Alexandra: Are they satisfied with you?
David: They are very satisfied with me, and I am interested in this job.
Alexandra: Awesome! When will you start your work?
David: From next month.

课文练习 EXERCISES

一 课文填空
Fill in the blanks according to the text.

1. 你 _____ 怎么样?
   Nǐ _____ zěnmeyàng?

2. 你 _____ 找 什么 工作?
   Nǐ _____ zhǎo shénme gōngzuò?

3. 我 的 _____ 是 国际 贸易。
   Wǒ de _____ shì guójì màoyì.

4. 我 _____ 去了 一 家 公司 面试。
   Wǒ _____ qùle yì jiā gōngsī miànshì.

5. 我 _____ 这 份 工作 也 很 _____ _____。
   Wǒ _____ zhè fèn gōngzuò yě hěn _____ _____.

二 根据关键词语复述课文
Retell the text according to the key words.

zuìjìn	zài	xiǎng	zuò	gānggāng	duì……mǎnyì
最近	在	想	做	刚刚	对……满意

Grammar Market 语法超市

1. Number measure word 一点儿 (yìdiǎnr) (a few, a little)

Subject	Verb	一点儿	Object
Wǒ 我	huì shuō 会 说	yìdiǎnr 一点儿	Hànyǔ. 汉语。
Dàwèi 大卫	yǒu 有	yìdiǎnr 一点儿	gōngzuò jīngyàn. 工作 经验。
Wǒ 我	yào 要	yìdiǎnr 一点儿	chá. 茶。
Tā 他	chīle 吃了	yìdiǎnr 一点儿	mǐfàn. 米饭。

2. Preposition 对 (duì) (to, towards, in)

Subject	Predicate			
Somebody	Preposition	Pronoun or noun	Verb	Noun
Tāmen 他们	duì 对	wǒ 我	hěn mǎnyì 很 满意。	
Wǒ 我	duì 对	zhè fèn gōngzuò 这 份 工作	gǎn 感	xìngqù. 兴趣。
Dàwèi 大卫	duì 对	Fāng Fāng 方 芳	yǒu 有	hǎogǎn. 好感①。

① 好感 (hǎogǎn): good feelings

任务环节 Mission possible!

1. 双人活动：工作调查
Pair work: Job interview.

根据图片，和你的同伴说说爱丽一家人的工作，然后采访你的同伴，并记录他／她家人的工作。
Talk about Alexandra's family members' jobs according to the pictures. Then interview your partner's family about their jobs, and write them down.

	Àilì de bàba	Àilì de bàba shì lǜshī.
1.	爱丽 的 爸爸	爱丽 的 爸爸 是 律师。
2.		
3.		
4.		

　　　　　　　　　　　de　jiārén
　　　_____ 的　家人

1.	
2.	
3.	
4.	

2. 小组活动：我的专业是……
  Group work: My major is…

采访你的小组成员，记录下他们的专业。
Interview your group members about their majors, then write them down.

示例 For example:

A: Nǐ de zhuānyè shì shénme?
    你 的 专业 是 什么？

B: Wǒ de zhuānyè shì guójì màoyì.
    我 的 专业 是 国际 贸易。

Name	Major
1.	
2.	
3.	
4.	

日常表达 Daily Expressions

1. A: 你的实习工作找到了吗？ Did you find any internship?
   Nǐ de shíxí gōngzuò zhǎodào le ma?
   B: 找到了，我找了一家外企。 Yes, I found an international company.
   Zhǎodào le, wǒ zhǎole yì jiā wàiqǐ.

2. A: 请问，实习之后，可以转正吗？
   Qǐngwèn, shíxí zhīhòu, kěyǐ zhuǎnzhèng ma?
   May I ask if there is any chance to be an employer after internship?
   B: 可以的，不过要看你的表现。
   Kěyǐ de, búguò yào kàn nǐ de biǎoxiàn.
   Yes. But it depends on your performance.

3. A: 你的工作怎么样？ How is your job?
   Nǐ de gōngzuò zěnmeyàng?
   B: 还不错，朝九晚五。 Not bad. Regular work.
   Hái búcuò, zhāo jiǔ wǎn wǔ.

4. A: 我也想去北京工作。 I also want to work in Beijing.
   Wǒ yě xiǎng qù Běijīng gōngzuò.
   B: 欢迎成为北漂一族。 Welcome to be a Beijing floater.
   Huānyíng chéngwéi běipiāo yìzú.

Pop Chinese 中国流行语

崩溃(bēngkuì)

It means breakdown, crack up.

How to use?

   Zuìjìn máng ma?
A: 最近 忙 吗？
  Are you busy these days?

   Bié tí le, yào bēngkuì le!
B: 别 提 了，要 崩 溃 了！
  Not mention it. I'll crack up!

玩在中国 Having Fun in China

成都篇 CHENGDU

宽窄巷子 Wide and Narrow Alley

It is a typical Chinese ancient street with teahouses and shops selling Chinese souvenirs. Tourists regard it as one the hottest attractions in Chengdu.

Chinese address: 成都市青羊区长顺街附近

熊猫基地 Giant Panda Breeding Base

The best place for the travelers to observe giant pandas which are sweet and cute.

Chinese address: 成都市外北熊猫大道 1375 号

Mind Map
思维导图

这些你学会了吗?
Did you get all of these?

1 北京的冬天特别冷 Běijīng de dōngtiān tèbié lěng The winter in Beijing's is pretty cold.

Functional Sentences
1. Wàimian tài měi le! 外面太美了!
2. Wǒ méi dài zhàoxiàngjī zài zhèr pāi zhào. 我没带照相机在这儿拍照。
3. Wǒ de xiàngjī zài fángjiān li. 我的相机在房间里。
4. Běijīng de dōngtiān tèbié lěng. 北京的冬天特别冷。
5. Wǒmen tài měi le! 我们太美了 bā 吧。

Word Bank

Vocabulary
- text 1: dōngtiān 冬天, tèbié 特别, lěng 冷, dài 带, xiàngjī 相机, pāi zhào 拍照, Gùgōng 故宫, Tiān'ānmén 天安门, Chángchéng 长城, Yíhé Yuán 颐和园, fángjiān 房间, zánmen 咱们, xiānsheng 先生, xiànzài 现在, wánr 玩儿
- text 2: dōngtiān 冬天, chūntiān 春天, xiàtiān 夏天, qiūtiān 秋天, yīntiān 阴天, yǔtiān 雨天, qíngtiān 晴天, xuětiān 雪天, xià xuě 下雪, tiānqì 天气, dànshì 但是

Grammar
- Subject + Time + 没 + Verb + Object
- Subject + 特别 + Adjective
- Wǒmen měi cì dōngtiān ...
- Běijīng de dōngtiān ...
- Běijīng de dōngtiān tèbié lěng, dànshì hěn měi.

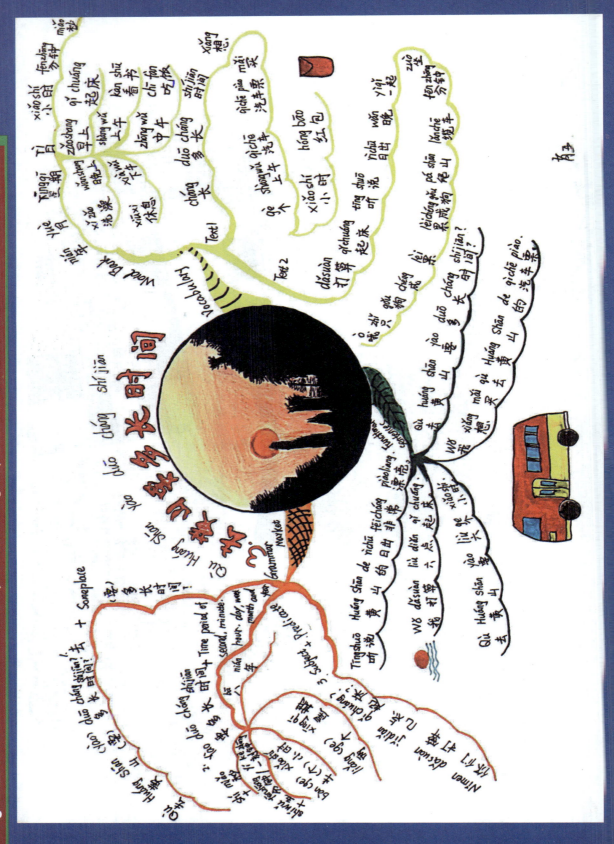

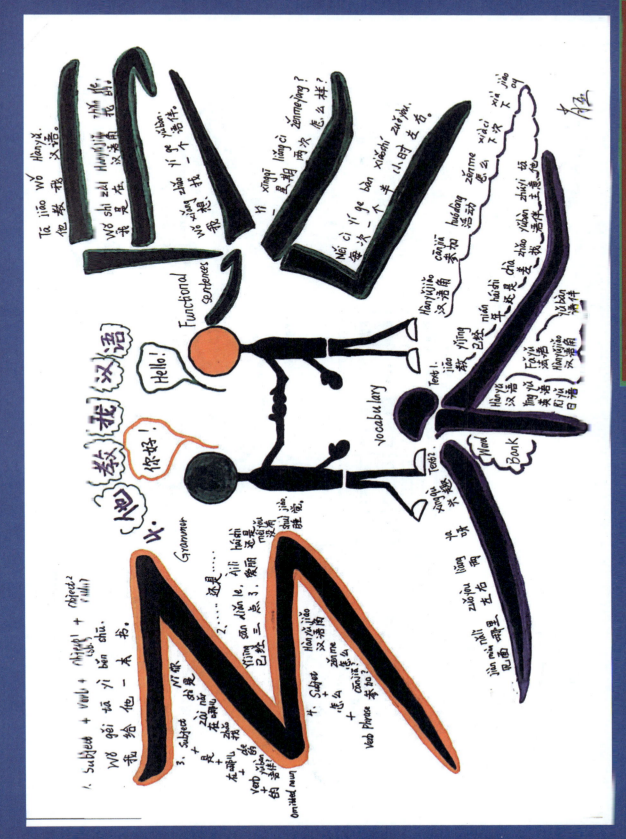

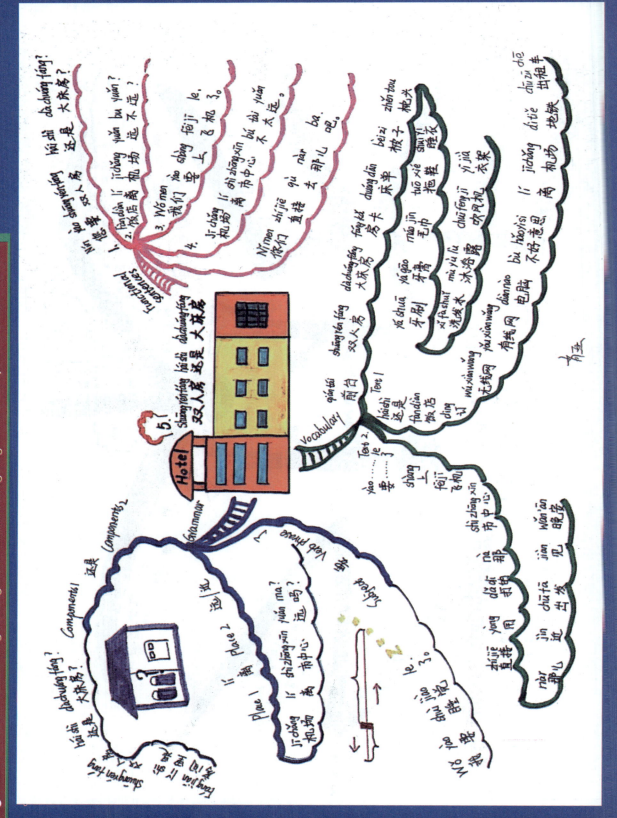

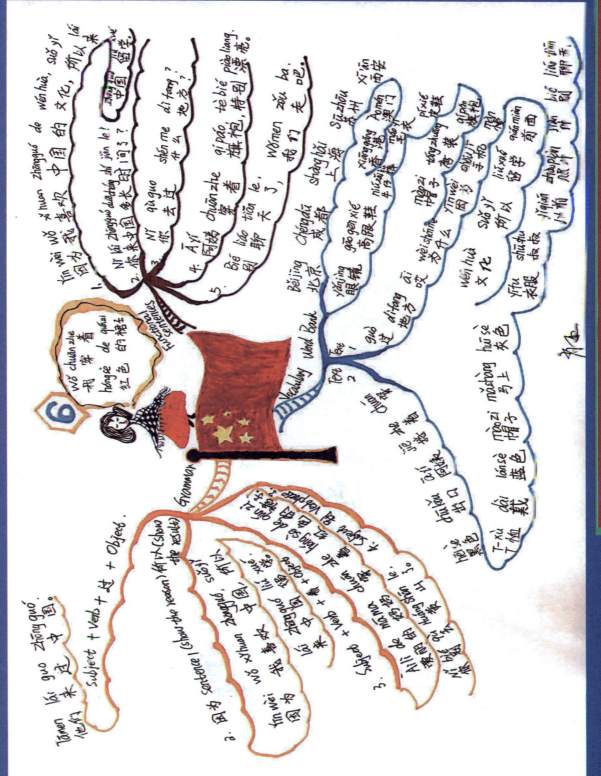

6 我穿着红色的裙子 Wǒ chuānzhe hóngsè de qúnzi I am wearing a red dress.

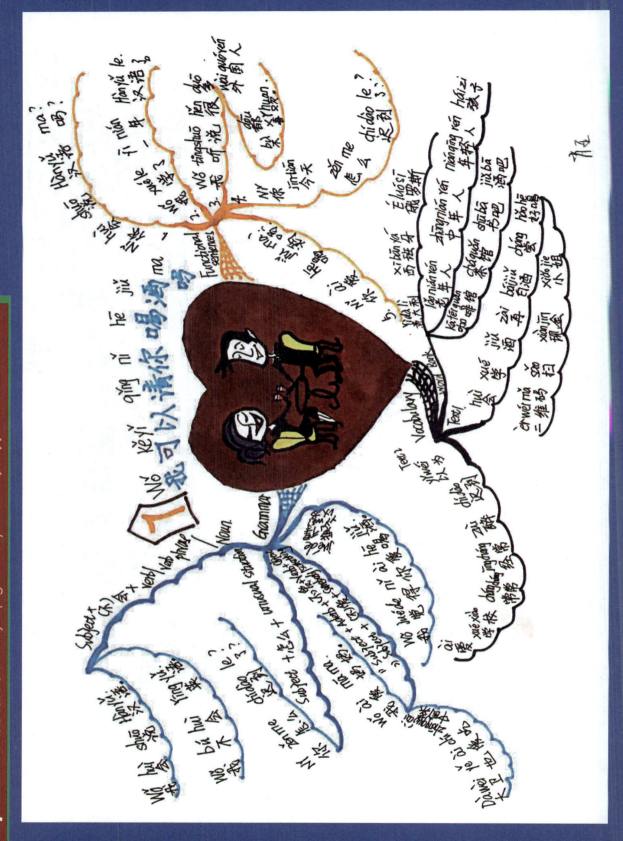

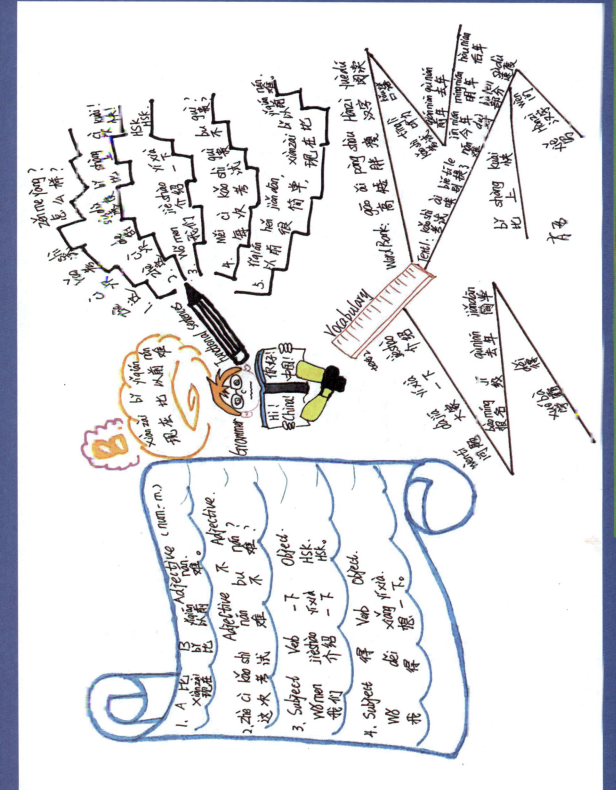

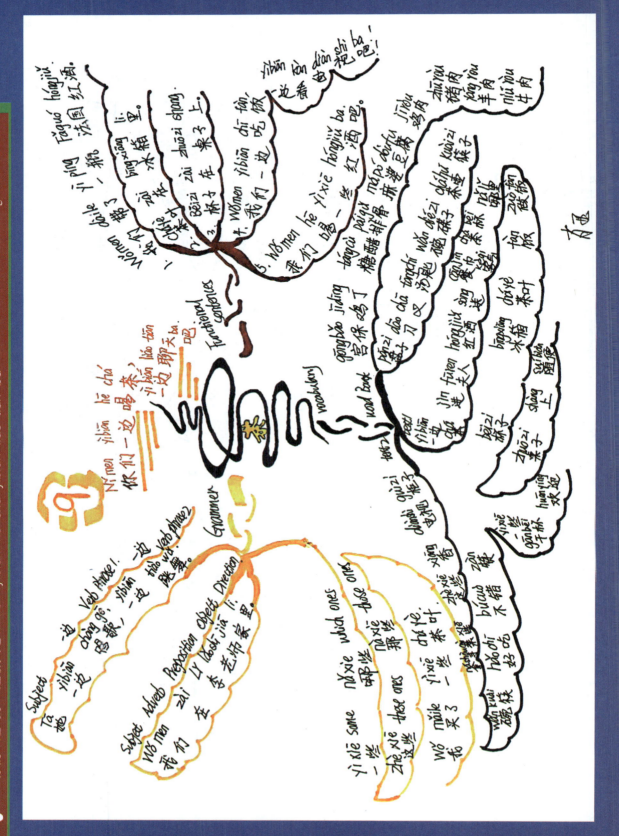

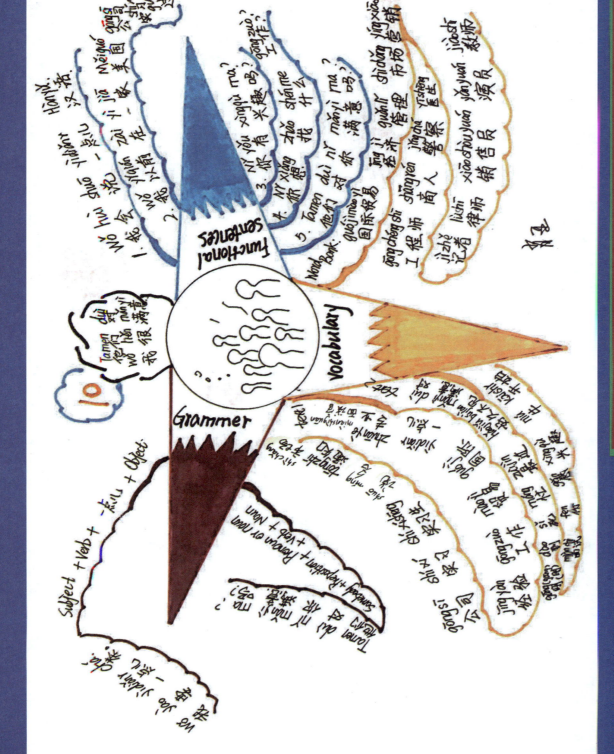

生词总表 / Vocabulary

			A		
阿姨	āyí	n.	aunt		6.2
哎	āi	int.	hey		6.1
唉	ài	int.	oh		8.1
爱	ài	v.	like, be fond of		7.2
			B		
白酒	báijiǔ	n.	Chinese white liquor		7.1
帮	bāng	v.	help		1.1
报名	bào míng		register		8.2
杯子	bēizi	n.	cup		9.1
比	bǐ	prep.	used to make a comparison		8.1
别	bié	adv.	don't		6.2
别提了	bié tí le		Don't mention it.		8.1
冰箱	bīngxiāng	n.	fridge		9.1
不错	búcuò	adj.	not bad, good		9.2
不好意思	bù hǎoyìsi		I am sorry.		5.1
部分	bùfen	n.	section		8.1
			C		
参加	cānjiā	v.	take part in		4.1
茶	chá	n.	tea		9.1
茶叶	cháyè	n.	tea leaves		9.1
差	chà	adj.	poor, bad		4.1
长	cháng	adj.	long		3.1
尝	cháng	v.	taste		7.1
常常	chángcháng	adv.	usually		7.2

成	chéng	v.	become	3.2
迟到	chídào	v.	late	7.2
出发	chūfā	v.	set off	5.2
出口	chūkǒu	n.	exit	6.2
出租车	chūzūchē	n.	taxi	5.1
穿	chuān	v.	wear	6.2

D

打的	dǎ dī		take a cab	5.2
打算	dǎsuàn	v./ n.	to plan; plan	3.2
大床房	dàchuángfáng	n.	queen room	5.1
大家	dàjiā	pron.	everybody	8.2
带	dài	v.	bring, take	2.1
戴	dài	v.	wear	6.2
但是	dànshì	conj.	but	1.2
到	dào	v.	used as the complement to indicate the accomplishment of an action	10.2
得	děi	part.	have to	8.2
地方	dìfang	n.	place	6.1
地铁	dìtiě	n.	metro subway	5.1
电脑	diànnǎo	n.	computer	5.1
电视	diànshì	n.	TV	9.2
订	dìng	v.	book	5.1
冬天	dōngtiān	n.	winter	1.2
都	dōu	adv.	both, all	2.1
对	duì	adj.	yes, right	8.1

179

对 2	duì	prep.	to, for	10.2
多长	duō cháng		how long	3.1
E				
二维码	èrwéimǎ	n.	QR code	7.1
F				
发	fā	v.	send	1.2
饭	fàn	n.	meal	9.1
饭店	fàndiàn	n.	hotel	5.1
房间	fángjiān	n.	room	1.1
飞机	fēijī	n.	airplane	5.2
非常	fēicháng	adv.	especially, very	2.2
分钟	fēnzhōng	m.	minute	3.2
份	fèn	m.	a piece of (job, dish...)	10.2
夫人	fūren	n.	wife	9.1
G				
干杯	gān bēi		cheers	9.2
感兴趣	gǎn xìngqù		be interested in	10.2
刚（刚）	gāng (gāng)	adv.	just now	10.2
个	gè	m.	measure word	3.1
工作	gōngzuò	n.	job	10.1
公司	gōngsī	n.	company	10.1
功夫	gōngfu	n.	Kungfu	2.1
狗	gǒu	n.	dog	3.2
官	guān	n.	official	10.1
逛街	guàng jiē		go shopping	2.2

柜子	guìzi	n.	cabinet	9.2
国际	guójì	n.	international	10.1
过	guò	part.	be used after a verb to indicate a past experience which dose not last to present	6.1

H

还是 1	háishì	adv.	still	4.1
还是 2	háishì	conj.	or	5.1
汉语角	Hànyǔjiǎo	n.	Chinese corner	4.1
汉字	Hànzì	n.	Chinese characters	8.1
好吃	hǎochī	adj.	delicious	9.2
好喝	hǎohē	adj.	delicious, good to drink	7.1
好久不见	hǎojiǔ bújiàn		Long time no see.	10.2
黑色	hēisè	n.	black	6.2
红包	hóngbāo	n.	lucky money	3.
红酒	hóngjiǔ	n.	red wine	9.
欢迎	huānyíng	v.	welcome	9.2
灰色	huīsè	n.	gray	6.2
会	huì	v.	can, be able to	7.1
活动	huódòng	n.	activity	4.1

J

机场	jīchǎng	n.	airport	5.1
级	jí	n.	level	8.2
简单	jiǎndān	adj.	easy	8.2
见	jiàn	v.	meet	5.2
见面	jiàn miàn		meet	4.2
件	jiàn	m.	a piece of	6.2

健身	jiàn shēn		work out, physical exercise	2.2
健身房	jiànshēnfáng	n.	gym	2.2
教	jiāo	v.	teach	4.1
叫	jiào	v.	call	4.1
接	jiē	v.	meet	6.2
介绍	jièshào	v.	introduce	8.2
进	jìn	v.	enter	9.1
近	jìn	adj.	near	5.2
经常	jīngcháng	adv.	usually	7.2
经验	jīngyàn	n.	experience	10.1
酒	jiǔ	n.	alcohol	7.1
觉得	juéde	v.	feel	2.1
K				
开始	kāishǐ	v.	begin	10.2
考试	kǎo shì		exam	8.1
可爱	kě'ài	adj.	cute	2.1
客气	kèqi	adj.	polite, courteous	9.1
快	kuài	adj.	fast	8.1
筷子	kuàizi	n.	chopsticks	9.2
L				
蓝色	lánsè	n.	blue	6.2
缆车	lǎnchē	n.	cable car	3.2
懒	lǎn	adj.	lazy	2.1
累	lèi	adj.	tired	3.2
累成狗	lèichéng gǒu		as tired as a dog	3.2

冷	lěng	adj.	cold	1.2
离	lí	prep.	away	5.1
里	lǐ	n.	inside	1.1
两	liǎng	num.	two	4.2
聊天	liáo tiān		chat	6.2
留学	liú xué		study overseas	6.1

M

麻婆豆腐	mápó dòufu		Mapo Tofu	9.2
马上	mǎshàng	adv.	immediately	6.2
买	mǎi	v.	buy	3.1
满意	mǎnyì	adj.	satisfied	10.2
慢	màn	adj.	slow	6.2
忙	máng	adj.	busy	10.2
贸易	màoyì	n.	trade	10.1
帽子	màozi	n.	hat	6.2
每	měi	pron.	each, every	2.2
每天	měi tiān		everyday	2.2
美	měi	adj.	beautiful	1.1
面试	miànshì	v./n.	to be interview; interview	10.1
面试官	miànshìguān	n.	interviewer	10.1
名	míng	m.	measure word for people or position in a name list	10.1

N

拿手菜	náshǒucài	n.	specialty	9.2
哪里	nǎlǐ	pron.	where	4.2
哪里.	nǎlǐ	pron.	It's nothing.	9.1

183

那	nà		conj.	then	5.2
那儿	nàr		pron.	there	5.2
难	nán		adj.	difficult	8.1
年	nián		n.	year	4.1
年轻人	niánqīngrén		n.	young people	7.2
牛	niú		adj./n.	awesome; ox	10.2
O					
哦	ò		int.	Oh, I see.	3.2
P					
爬山	pá shān			climb the mountain	3.2
拍照	pāi zhào			take pictures	1.1
瓶	píng		n./ m.	bottle; a bottle of	9.1
Q					
旗袍	qípáo		n.	Chi-Pao	6.2
起床	qǐ chuáng			get up	3.2
汽车	qìchē		n.	automobile	3.1
汽车票	qìchēpiào		n.	bus ticket	3.1
前面	qiánmiàn		n.	in the front	6.1
前台	qiántái		n.	reception	5.1
去年	qùnián		n.	last year	8.2
R					
日出	rìchū		n.	sunrise	3.2
S					
扫	sǎo		v.	scan	7.1
上 1	shàng		v.	get on	5.2

上₂	shàng	n.	last	8.1
上₃	shàng	n.	upper, up, upward	9.1
上网	shàng wǎng		surf the internet	2.2
上午	shàngwǔ	n.	morning	3.1
时候	shíhou	n.	a period of time	2.2
时间	shíjiān	n.	time	3.1
实习	shíxí	v.	internship	10.1
实习生	shíxíshēng	n.	intern	10.1
市场	shìchǎng	n.	market (also in abstract)	10.1
市中心	shìzhōngxīn	n.	downtown	5.2
手机	shǒujī	n.	mobile	6.1
叔叔	shūshu	n.	uncle	5.2
双人房	shuāngrénfáng	n.	twin room	5.1
睡觉	shuì jiào		sleep	2.1
说	shuō	v.	speak	10.1
死	sǐ	adj./ v.	extremely; dead	10.2
送	sòng	v.	give	9.1
速度	sùdù	n.	speed	8.1
随便	suíbiàn	adj.	do at one's will	9.1
所以	suǒyǐ	conj.	therefore	6.1

T

他	tā	pron.	he, him	4.1
糖醋排骨	tángcù páigǔ		sweet and sour spareribs	9.2
特别	tèbié	adv.	especially	1.2
踢	tī	v.	kick	2.2

185

提	tí	v.	mention		8.1
T恤	T-xù	n.	T-shirt		6.2
天气	tiānqì	n.	weather		1.2
听力	tīnglì	n.	listening		8.1
听说	tīngshuō	v.	hear		3.2
通知	tōngzhī	v./n.	inform; information		10.1
		W			
外国	wàiguó	n.	foreign		2.1
外面	wàimian	n.	outside		1.2
玩儿	wánr	v.	play		1.2
晚	wǎn	adj.	late		3.2
晚安	wǎn'ān	v.	good night		5.2
晚上	wǎnshang	n.	night		2.2
碗	wǎn	n.	bowl		9.2
碗筷	wǎnkuài	n.	bowls & chopsticks		9.2
为什么	wèi shénme		why		6.1
文化	wénhuà	n.	culture		6.1
问	wèn	v.	ask		8.1
问题	wèntí	n.	question		8.2
无线网	wúxiànwǎng	n.	wireless internet		5.1
		X			
喜欢	xǐhuan	v.	like, be fond of		2.1
下	xià	n.	next		4.1
下次	xià cì		next time		4.1
下雪	xià xuě		snow		1.2

先生	xiānsheng	n.	gentleman	1.1
现金	xiànjīn	n.	cash	7.1
现在	xiànzài	n.	now	1.2
香	xiāng	adj.	appetizing	9.2
想	xiǎng	aux.	want to	3.1
相机	xiàngjī	n.	camera	1.1
小姐	xiǎojie	n.	young lady	7.1
小时	xiǎoshí	n.	hour	3.1
些	xiē	m.	some, a few, a little	9.2
写	xiě	v.	write	8.1
兴趣	xìngqù	n.	interest	4.2
熊猫	xióngmāo	n.	panda	2.1
学	xué	v.	study	7.1
学霸	xuébà	n.	super scholar	8.2
学校	xuéxiào	n.	school	7.2

Y

呀	ya	int.	used at the end of a sentence	4.2
眼镜	yǎnjìng	n.	glasses	6.2
要……了	yào……le		will, be going to	5.2
一边	yìbiān	adv.	at the same time	9.1
一点儿	yìdiǎnr	num.-m.	a little	10.1
一起	yìqǐ	adv.	together	3.2
一下	yíxià	num.-m.	used after a verb to indicate an action or an attempt	8.2
一些	yìxiē	num.-m.	some	9.2
衣服	yīfu	n.	clothes	6.2

已经	yǐjīng	adv.	already	4.1
以前	yǐqián	n.	before	6.2
以为	yǐwéi	v.	take something for granted	7.2
因为	yīnwèi	conj.	because	6.1
用	yòng	v.	use	5.2
有时候	yǒu shíhou		sometimes	2.2
有线网	yǒuxiànwǎng	n.	wired internet	5.1
语伴	yǔbàn	n.	language partner	4.1

Z

再	zài	adv.	then	7.1
在	zài	adv.	indicate present tense	2.1
咱们	zánmen	pron.	we, us	1.1
赞	zàn	adj.	awesome	9.2
怎么	zěnme	pron.	how, why	4.1
找	zhǎo	v.	look for	4.1
照片	zhàopiàn	n.	photo	6.2
这些	zhèxiē	pron.	these ones, these	9.2
着	zhe	part.	used after a verb to indicate a continuous state	6.2
只	zhī	m.	measure word	2.1
直接	zhíjiē	adv.	directly	5.2
只	zhǐ	adv.	only	3.2
竹子	zhúzi	n.	bamboo	2.1
主意	zhúyi	n.	idea, mind	4.1
主演	zhǔyǎn	v.	have one of the main parts in a film/movie	2.1
专业	zhuānyè	n.	major	10.1

桌子	zhuōzi	n.	table	9.1
足球	zúqiú	n.	soccer	2.2
最近	zuìjìn	n.	recent	10.2
醉	zuì	v.	get drunk	7.2
左右	zuǒyòu	n.	approximately	4.2
坐	zuò	v.	sit; travel by (car, train, plane, etc.)	3.2
做	zuò	v.	do	2.1
做饭	zuò fàn		cook	9.1

专有名词 Proper nouns

B			
巴黎	Bālí	Paris	5.2
北京	Běijīng	the capital of China	1.2
C			
长城	Chángchéng	The Great Wall	1.1
D			
滴滴	Dīdī	an App used for calling taxi	6.1
F			
方芳	Fāng Fāng	name of a girl	4.2
G			
功夫熊猫	Gōngfu Xióngmāo	*Kungfu Panda* (a famous movie)	2.1
故宫	Gùgōng	The Forbidden City	1.2
H			
韩国	Hánguó	Korea	7.1
汉语水平考试	Hànyǔ Shuǐpíng Kǎoshì	HSK, Chinese Proficiency Test	5.2

189

黄山	Huáng Shān	The Yellow Mount	3.1
J			
江小白	Jiāng Xiǎobái	name of a lady	9.1
L			
龙舌兰	Lóngshélán	Tequila	7.1
P			
浦东	Pǔdōng	a district in Shanghai	6.1
R			
日语	Rìyǔ	Japanese	4.1
S			
上海大饭店	Shànghǎi Dàfàndiàn	Shanghai Grand Hotel	5.1
神州专车	Shénzhōu Zhuānchē	Ucar, an App used for calling taxi	5.2
W			
威士忌	Wēishìjì	Whisky	7.1
X			
西安	Xī'ān	the capital of Shaanxi Province	6.1
西班牙语	Xībānyáyǔ	Spanish	10.1
香港	Xiānggǎng	Hong Kong	6.1
Y			
英语	Yīngyǔ	English	4.2
Z			
支付宝	Zhīfùbǎo	Ali Pay	7.1